O Caminho da Felicidade

Max Lucado

O Caminho da Felicidade

ENCONTRANDO A **VERDADEIRA ALEGRIA** EM UM
MUNDO DE DECEPÇÕES E EXPECTATIVAS FRUSTRADAS

Thomas Nelson
BRASIL

Rio de Janeiro, 2019

Título original: How Happiness Happens: Finding Lasting Joy in a
World of Comparison, Disappointment, and Unmet Expectations
Copyright © 2019 por Max Lucado
Edição original por Thomas Nelson, Inc. Todos os direitos reservados.
Copyright da tradução © Vida Melhor Editora LTDA., 2019.
Todos os direitos desta publicação reservados por Vida Melhor Editora LTDA.

PUBLISHER	*Samuel Coto*
EDITORES	*André Lodos e Bruna Gomes*
TRADUÇÃO	*Maurício Bezerra Santos Silva*
COPIDESQUE	*Eliana Moura*
REVISÃO	*Isabella Schempp*
ADAPTAÇÃO DE CAPA	*Filigrana*
DIAGRAMAÇÃO	*Julio Fado*

Os pontos de vista desta obra são de total responsabilidade de seu autor, não refletindo necessariamente a posição da Thomas Nelson Brasil, da HarperCollins Christian Publishing ou de sua equipe editorial.

As citações bíblicas são da *Nova Versão Internacional* (NVI), da Bíblia, Inc., a menos que seja especificada outra versão da Bíblia Sagrada.

Dados Internacionais de Catalogação na Publicação (CIP)
Angélica Ilacqua CRB-8/7057

L931v
    Lucado, Max
    O caminho da felicidade : encontrando a verdadeira alegria em um mundo de decepções e expectativas frustradas / Max Lucado ; tradução de Maurício Bezerra Santos Silva. -- Rio de Janeiro : Thomas Nelson Brasil, 2019.
    192 p.

    ISBN 978-85-7167-065-5
    Título original: How Happiness Happens

    1. Vida cristã 2. Felicidade - Aspectos religiosos 3. Frustração - Aspectos religiosos I. Título II. Silva, Maurício Bezerra Santos

19-1809   CDD 248.4
                               CDU 248.12

Thomas Nelson Brasil é uma marca licenciada à Vida Melhor Editora Ltda.
Todos os direitos reservados à Vida Melhor Editora Ltda.
Rua da Quitanda, 86, sala 218 – Centro
Rio de Janeiro, RJ – CEP 20091-005
Tel.: (21) 3175-1030
www.thomasnelson.com.br

Para Jim Barker.

Por 25 anos você me ensinou, pastoreou
e tentou melhorar minha tacada de golfe.
Vivendo e aprendendo a jogar.
Obrigado, amigo!

Sumário

Agradecimentos 9

Capítulo 1
A porta da alegria inesperada 11

Capítulo 2
Bate aqui, rocha! 21

Capítulo 3
Deixe as cismas de lado 35

Capítulo 4
O doce som do segundo violino 45

Capítulo 5
A bela arte de dizer "oi" 57

Capítulo 6
A postura poderosa 67

Capítulo 7
Hora de servir! 79

Capítulo 8
Zonas de desconforto 89

Capítulo 9
Fale! 103

Capítulo 10
Você foi detonado 113

Capítulo 11
Amados para amar 125

Conclusão
Próximo passo: o desafio da felicidade 135

Perguntas para reflexão 143

Notas 181

Agradecimentos

Um sonoro *"Viva!"* para...

Karen Hill e Liz Heaney: editoras sensacionais que sabem como convencer esse escritor teimoso como uma mula a começar um novo projeto.

Carol Bartley: revisora incomparável que encontra erros do mesmo modo que um detetive encontra pistas. Não deixa passar nada!

A equipe de superestrelas da HarperCollins Christian Publishing: Mark Schoenwald, David Moberg, Brian Hampton, Mark Glesne, Jessalyn Foggy, Janene MacIvor e Laura Minchew.

Os gerentes da equipe de marca Greg e Susan Ligon: todo escritor precisa de uma dupla "Greg e Susan" como essa.

Dave Treat: obrigado por suas orações firmes por este livro e muitos outros.

Os assistentes administrativos Janie Padilla e Margaret Mechinus: obrigado por tudo o que sei que vocês fazem e por muito mais coisas que nem imagino.

Ed e Becky Blakey: obrigado pela hospitalidade extraordinária e por me deixarem usar o *ED-scritório*.

Brett, Jenna, Rosie e Max; Andrea; Jeff e Sara: a nossa família incrível. Amo vocês demais!

E Denalyn, minha querida esposa: Qual é o caminho da felicidade? A resposta é bem simples: casar com a Denalyn. Essa estratégia com certeza deu certo! Te amo!

Capítulo 1

A porta da alegria inesperada

São seis da manhã na cidade de Hamilton, Bermuda, e lá está Johnny Barnes, de 92 anos, parado no meio de uma rotatória acenando para as pessoas que passam de carro. Chegou lá antes das quatro da manhã e não sairá até, pelo menos, dez. Não pede dinheiro nem comida. Não protesta, nem reclama, nem faz manifestação alguma, nem está ali à toa.

Ele está fazendo as pessoas felizes.

Ele usa um chapéu de palha e sua barba é grossa. Seus olhos brilham, seus dentes são brancos, sua pele é escura, com a textura do couro. O tempo encurvou suas costas e tornou seus passos lentos, mas não levou sua alegria. Ele acena com os braços estendidos. Seus pulsos balançam como se estivessem acertando o volume em um aparelho de som.

Ele apanha um beijo no ar com a mão direita e o manda na direção de algum motorista de táxi ou de alguém que está passando.

Ele grita: "Eu te amo!", "Te amarei para sempre!", "Ei, querida, eu te amo!".

E as pessoas gostam muito dele! Quem mora em Bermuda o chama de Sr. Feliz e muda o trajeto de manhã para vê-lo. Quando não está no lugar de sempre, as pessoas telefonam para a estação de rádio para ver se ele está bem. Quando acontece de ele não ver alguém, essa pessoa fica dando voltas na rotatória até receber um aceno. Um dia, uma mulher, de tão brava, cismou de não olhar para ele. Quis insistir no seu mau humor, mas, só em vê-lo sorrir para ela, não resistiu e cedeu um sorriso.

Lá se vai outra cara feia.

A filosofia de Johnny é bem simples. "Nós, como seres humanos, temos que aprender a nos amar uns aos outros. Uma das maiores alegrias que alguém pode ter é agir para ajudar ao próximo".[1]

Não seria ótimo encontrar uma pessoa como essa?

Ou melhor, não seria bom ser como ele?

Há quanto tempo você não sente um nível de alegria contagioso, infeccioso, imperturbável e imparável? Quem sabe você responda: "Sinto isso o tempo todo". Se for assim, que Deus o abençoe! (E pense seriamente em passar adiante este livro para alguém que precisa dele.) Para muitos, possivelmente a maioria de nós, a resposta seria: "Bem, já faz um bom tempo. Costumava ser feliz, mas a vida tirou isso de mim".

"A doença levou minha saúde."

"A economia levou meu emprego."

"Aquela pessoa estúpida partiu meu coração."

Seja qual for o motivo, alguma coisa levou embora nossa alegria. Isso dá a impressão de que essa alegria é bem frágil, porque surge em dado instante e, no outro, os ventos a levam como uma tempestade.

Ainda assim, continuamos a buscar, com um anseio profundo, esse sentimento de contentamento e bem-estar. Em todo o planeta, as pessoas declaram que o seu objetivo mais valioso é a felicidade.[2] A aula mais procurada nos trezentos anos de história da Universidade de Yale fala sobre a felicidade.[3] As capas de revista prometem tudo, desde a felicidade sexual até a satisfação financeira. Digitei no Google *happy hour* e, em um segundo, uma série de opções esperavam pelo meu clique.

As empresas de marketing entendem isso. Os comerciais de televisão fazem promessas grandiosas: Quer ser feliz? Compre nosso creme para as mãos! Quer alguma alegria? Durma nesse colchão! Quer uma dose de prazer? Coma nesse restaurante, compre esse carro, vista essa roupa. Quase toda estratégia de propaganda retrata uma pessoa cheia de alegria, até mesmo o anúncio para supositório. Antes de usar o produto, a pessoa fecha o rosto ao se sentar, depois passa a ser a expressão da alegria. Que *suposição* de alegria!

Todos desejam a alegria, e todos se beneficiam dela. As pessoas felizes têm uma probabilidade maior de ter um casamento forte, têm menos chance de se divorciar e têm um desempenho melhor no trabalho. São mais saudáveis, por terem o sistema imunológico fortalecido.[4] Em um estudo, os pesquisadores associaram a felicidade a ter mais dinheiro no bolso.[5] Uma análise de 25 estudos indicou que as pessoas felizes são líderes mais eficientes do que as pessimistas.[6] Portanto, a partir do momento em que a alegria surge, ela ajuda a todos.

No entanto, cada vez menos pessoas a encontram. Apenas um terço dos norte-americanos pesquisados declararam ser felizes. Nos nove anos de história da Pesquisa Harris sobre a felicidade norte-americana, o índice mais alto foi de 35%. Isso significa que uma nuvem cinzenta eterna assombra o dia de duas a cada três pessoas.[7] Segundo algumas estimativas, a depressão clínica assola as pessoas dez vezes mais do que há 100 anos.[8] A Organização Mundial da Saúde estima que, por volta do ano 2020, "a depressão passará a ocupar o segundo lugar entre as causas principais das doenças em todo o mundo".[9]

Foi-se o tempo em que a pessoa que tinha mais idade costumava ser mais feliz. As pessoas que tinham sessenta ou setenta anos geralmente tinham uma classificação melhor na área do contentamento e no valor dedicado à vida, mas isso não acontece mais. A idade não parece trazer satisfação como antigamente.[10]

Como pode acontecer isso? A maioria das pessoas possui acesso à educação. Progredimos em tudo — desde a medicina até a tecnologia —, mas, mesmo assim, 66% de nós não tem a mínima capacidade de achar um bom motivo para assinalar a resposta afirmativa em um questionário sobre a felicidade.

O peso dos fatores genéticos não é tão grande quanto se pensa. A hereditariedade pode influenciar a nossa disposição por volta de cinquenta por cento. Mesmo que esse número esteja correto, ainda deixa cinquenta por cento por nossa conta.[11]

Qual é o problema? O que explica tanto desânimo? Embora as respostas sejam variadas e complexas, elas apontam para o mesmo fato: estamos usando a porta errada.

Utilizamos geralmente a porta descrita pelas campanhas publicitárias: acumular com prosperidade, aposentar-se com dignidade, dirigir tranquilo, vestir-se com estilo, apreciar cada vez mais as melhores bebidas. A felicidade depende do que se pendura no armário, ou do que se estaciona na garagem, ou do que se ostenta na prateleira de troféus. Está baseada no que se deposita na conta, ou no que se desfruta no quarto, do que se usa no dedo anelar ou mesmo no que se serve na mesa da sala. O caminho da felicidade é ter o peso ideal, o encontro legal, o companheiro especial ou o futuro sensacional. Essa porta da felicidade é bem larga, mas não cumpre o que promete.

Em um estudo clássico, psicólogos chegaram à conclusão de que as pessoas que tinham ganhado recentemente na loteria do estado de Illinois não eram mais felizes do que as vítimas de acidentes debilitantes. Pediu-se que os dois grupos "avaliassem o nível de prazer que tinham com as atividades diárias": coisas pequenas, porém agradáveis, como conversar com um amigo, assistir televisão, tomar o café da manhã, rir de uma piada, ou receber um elogio. Quando os pesquisadores analisaram o resultado, descobriram que as vítimas recentes de acidentes desfrutavam de uma alegria maior com esses prazeres corriqueiros do que os ganhadores da loteria.[12] Descobrimos assim que até a emoção de ganhar na loteria passa!

Com certeza, algum dinheiro a mais proporciona certa alegria para pessoas realmente pobres, contanto que alivie as pressões da vida diária – ter algo para comer, uma moradia ou um atendimento de saúde adequado. No entanto, quando se alcança o nível de renda da classe média, nem mesmo grandes vitórias financeiras mudam muita coisa, ou mesmo trazem uma felicidade maior.[13] Os norte-americanos que ganham mais de dez milhões de dólares por ano só declaram um nível de felicidade levemente superior a de seus funcionários.[14] Como afirmou um professor de Harvard: "Achamos que o dinheiro traz muita felicidade por muito tempo, mas, na verdade, só traz pouca felicidade por pouco tempo".[15]

Todos nós já vimos trabalhadores rurais felizes e milionários que são melancólicos, não é verdade?

Ainda existe outra opção, que não exige que consigamos algum cartão de crédito, nem que iniciemos uma hipoteca mensal ou que tenhamos algum golpe de sorte. Não depende da compra de passagens de avião, nem de reservas em hotéis. Não requer mestrado ou doutorado, nem o sangue azul da nobreza. Não está restrita à idade, raça ou sexo. Não depende do clima agradável, do céu azul ou da aplicação de botox. Se estiver sem dinheiro para fazer terapia, não puder fazer cirurgia plástica nem reposição hormonal, não há problema! Não é preciso mudar de emprego, nem de cidade, nem de bairro. Quem sabe você precise mudar de porta!

A frase na porta da frente diz: "O caminho da felicidade consiste em receber". O quadro na porta menos usada traz outra mensagem: "O caminho da felicidade consiste em dá-la de presente".

Uma pesquisa demonstrou que fazer o bem produz um ótimo efeito em quem o pratica. Quando alguns voluntários foram submetidos a um exame de ressonância magnética funcional e receberam o aviso de que estariam doando parte do seu dinheiro para a caridade, as áreas do cérebro associadas ao prazer – como a comida e o sexo – acenderam como árvores de Natal. Fazer uma doação ao próximo libera dopamina.[16] (Sugestão excelente para um *slogan* de campanha para arrecadar fundos!)

Em outro estudo, uma equipe de psicólogos sociais resumiu os fatores da felicidade em cinco denominadores comuns. Dois dos três primeiros giram em torno de ajudar as pessoas. Pessoas felizes ou contentes "dedicam grande parte do tempo à família e aos amigos, cultivando ou desfrutando desses relacionamentos", e "geralmente são as primeiras a oferecer ajuda para colegas e para quem passa na rua".[17]

Está à procura de alegria? Faça algo bom para alguém. Hoje mesmo acabo de presenciar um exemplo bem carinhoso desse princípio. Encontrei um marido com a sua filha planejando o culto fúnebre da esposa e mãe. Patty era o modelo da generosidade. Tentamos imaginar quantas crianças ela abraçou, quantas fraldas ela trocou, quantas pessoas ela ensinou e quantos corações ela incentivou. Ver o sorriso dela era como ver a primavera derretendo o gelo do inverno.

Há três meses, um problema no cérebro fez com que ela parasse de falar, paralisou parte do seu corpo e a conduziu a um centro de reabilitação. Ficou tão desanimada que não tinha vontade de comer, nem conseguia dormir. Certa noite, sua filha teve uma ideia. Colocou sua mãe em uma cadeira de rodas e a fez passar por todos os quartos, procurando por pessoas que precisassem de um pequeno instante de apoio.

Mesmo sem falar, Patty ainda conseguia tocar as pessoas e orar por elas. Então, ela fez as duas coisas: tocou os outros pacientes e colocou a mão no coração deles, curvando a cabeça. Na melhor parte da noite, ela tocou e orou por todas as pessoas nos quartos por onde passou. Nessa mesma noite, ela recuperou o apetite e dormiu tranquilamente.

Jesus estava certo quando disse: "Há maior felicidade em dar do que em receber" (Atos 20:35), porque, quando se faz isso, produz-se um efeito bumerangue. A felicidade acontece quando a doamos de presente.

Essa notícia é ótima! Você não tem como mudar sua herança genética, nem o clima, nem o trânsito, nem quem está na presidência, mas sempre pode aumentar o número de sorrisos do planeta. Você – sim, você mesmo! – pode ajudar as pessoas a ter um sono tranquilo, a rir mais, a cantarolar em vez de murmurar, a andar em vez de tropeçar. Você pode tornar o dia dos outros seres humanos mais leve e brilhante, mas não vá se surpreender quando começar a sentir uma nova alegria em seu coração.

Por fim, chegamos ao assunto deste livro: a porta da alegria inesperada, e quem está de pé nessa porta para receber você é Jesus de Nazaré.

Jesus foi acusado de várias coisas, mas nunca foi chamado de mal-encarado, nem de ranzinza, nem de egoísta, nem de estúpido. Ninguém gemia quando ele chegava, nem corria para se esconder quando ele entrava na sala.

Ele chamava as pessoas pelo nome, escutava o que lhe contavam e respondia o que lhe perguntavam. Se o parente de alguém ficasse doente, ele visitava; se o amigo de alguém não estivesse bem, ele ajudava.

Ele ia ao mar com os pescadores. Ele almoçou com uma pessoa de pequena estatura e lhe trouxe palavras de apoio profundo. Frequentava casamentos, chegando a cuidar do vinho em um deles. Foi a tantas festas a ponto de falarem mal dele por sair com pessoas barulhentas e estar no meio de multidões suspeitas. Milhares de pessoas se deslocavam para ouvi-lo, centenas escolhiam segui-lo, simplesmente fechando o seu próprio negócio e largando a carreira para ficar com ele. Sua declaração de propósito era: "Vim para dar vida com alegria e abundância" (João 10:10, The Voice). Jesus era feliz, e quer que sejamos tão felizes quanto ele.

Quando os anjos anunciaram a chegada do Messias, eles não proclamaram "más notícias de grande pesar", mas "boas novas de grande alegria" (Lucas 2:10). A Bíblia possui mais de 2.700 passagens que contêm palavras como *alegria, felicidade, contentamento, animação, prazer, celebração, ânimo, riso, deleite, júbilo, festa, graça e exultação*.[18] Isso nos leva a concluir que o nosso estado de ânimo é importante para Deus.

Não se trata de um apelo à ingenuidade, nem de uma palestra superficial sobre a alegria. Jesus falava honestamente sobre o pecado, a morte e as necessidades do coração humano, mas proferia palavras carregadas de esperança. Levou alegria ao povo da Palestina do primeiro século e quer cativar as pessoas desta geração com essa mesma alegria, alistando alguns agentes especiais para cumprir essa missão. Estou falando de mim e de você.

A tarefa não é fácil. As pessoas em nosso mundo têm seus momentos temperamentais, instáveis e teimosos, e essa é a descrição perfeita do marido da minha esposa. Se resolvermos experimentar a felicidade que vem de transmitir alegria para as pessoas, precisaremos de um plano, de uma orientação. Não é à toa que a Bíblia tenha tanto a dizer sobre encontrar alegria no ato de compartilhar. Vemos no Novo Testamento mais de cinquenta mandamentos para praticar "uns aos outros", princípios práticos para fazer com que a alegria aconteça. Eu os resumi a uma lista de dez.

1. Incentivem-se uns aos outros (1Tessalonicenses 5:11).
2. Apoiem-se uns aos outros (Efésios 4:2).
3. Considerem os outros mais importantes do que si mesmos (Filipenses 2:3).
4. Saúdem uns aos outros (Romanos 16:16).
5. Orem uns pelos outros (Tiago 5:16).
6. Sirvam uns aos outros (Gálatas 5:13).
7. Aceitem-se uns aos outros (Romanos 15:7).
8. Aconselhem-se uns aos outros (Colossenses 3:16).
9. Perdoem uns aos outros (Efésios 4:32).
10. Amem-se uns aos outros (1João 3:11).

Vamos abrir a porta para cada uma dessas passagens com as palavras "uns aos outros" e embarcar num projeto de felicidade. Acredito que assim você descobrirá o que a Bíblia ensina e o que a pesquisa afirma: fazer o bem produz um efeito ótimo em quem o pratica.

Eu e você habitamos um planeta solitário. Os prédios comerciais estão cheios de corações partidos. O desânimo paralisa um número incalculável de pessoas. O mundo precisa muito (sim, imensamente) de uma ordem de cavaleiros da gentileza. Não temos como resolver todos os problemas da sociedade, mas podemos colocar um sorriso no rosto de algumas pessoas; se você fizer a sua parte do mundo brilhar, e eu fizer brilhar a minha, quem sabe esse seja o início de uma revolução silenciosa de alegria.

Capítulo 2

Bate aqui, rocha!

> Por isso, exortem-se e edifiquem-se uns aos outros.
> — 1Tessalonicenses 5:11

Meu irmão maior costumava me provocar. O dia do Dee não ficava completo enquanto não conseguisse estragar o meu. Era só eu entrar no quarto que ele estendia a perna para eu tropeçar. Vivia repuxando a colcha da cama que eu tinha acabado de arrumar. Brigava comigo até me nocautear e se sentar sobre o meu peito, quase me sufocando. Quando o pneu da bicicleta dele furava, ele roubava o pneu da minha. Ele me chutava debaixo da mesa e, se eu revidasse, fazia cara de inocente, e quem levava a culpa era eu. Foi graças a ele que eu aprendi o significado da palavra *cuecão*. Ele roubava minha mesada, me chamava de "mulherzinha" e jogava carrapicho em mim. O primeiro pensamento dele ao acordar era: *Como posso pegar no pé do Max?*

Entretanto, houve um ato de graça da sua parte que compensou todas as armadilhas cruéis pelas quais ele me fez passar. Ele me chamou para jogar no time de beisebol.

Minha mãe o encarregou de cuidar de mim naquele dia de verão. Ela só o deixaria ir ao parque se ele me levasse junto. Mesmo resmungando, ele aceitou. Não perderia o seu jogo diário de beisebol por nada. Pegamos nossos tacos, bonés e luvas de marca. Corremos para nossas bicicletas e fomos voando para o campo. Quando chegamos, o lugar já estava cheio de crianças.

Entrei na fila bem na hora de escolher os times, esperando pelo pior.

Um processo como esse pode magoar uma criança. Os dois jogadores que parecem ser os melhores atletas começam a chamar os outros pelo nome. "Eu fico com o Johnny". "O Tommy é meu". "Eu quero o Jason". "O Eric é nosso".

Johnny, Tommy, Jason e Eric, gabando de si mesmos, desfilavam com pose de garotões, tomando seu lugar ao lado dos seus respectivos capitães. Eles mereciam, pois foram os primeiros a ser escolhidos.

A peneira continua, garoto por garoto, até chegar o último. Tinha certeza de que naquele dia o último a ser chamado seria um menino sardento e ruivo. Estava balançando no último degrau da escala social do beisebol de verão.

O resto da turma estava no Ensino Médio, mas eu ainda estava no terceiro ano. Todos sabiam como pegar no taco, e eu nem conseguia rebater. Todos sabiam lançar ou pegar a bola, ou mesmo roubar a base. Enquanto isso, meus braços eram fracos, não tinha firmeza nas mãos, nem corria muito.

No entanto, aconteceu um milagre que até hoje os anjos comentam como um dos atos mais poderosos de intervenção divina. Entre uma conversa sobre a abertura do mar Vermelho e outra sobre a ressurreição de Lázaro, eles sempre gostam de falar sobre o dia em que o meu irmão me chamou. É claro que eu não fui o primeiro, mas fiquei bem longe de ser chamado por último. Ainda havia muitos meninos interessantes para escolher, mas, por uma razão que só ele e Deus sabem, ele me escolheu.

"Eu fico com o Max", ele declarou.

Ouviu-se um cochicho entre a multidão. "Max?"; "Eita!". Se fosse a cena de um filme, a turma se dividiria ao meio e a câmera colocaria em primeiro plano o menininho de boné vermelho. Meus olhos esbugalharam.

"Quem, eu?"

"É, você!", meu irmão gritou com voz de durão, para disfarçar a gentileza.

Virei a cabeça, dei um sorriso de Elvis, desfilei diante da turma dos meninos desolados por não terem sido escolhidos e me posicionei ao lado daquele herói inusitado. Naquela fração de segundo em que ele pronunciou o meu nome, eu passei do anonimato à fama pelo simples fato de ele ter me escolhido.

Dee não me chamou porque eu era bom de beisebol. Ele não me escolheu por causa das minhas habilidades ou do meu conhecimento. Ele me chamou por uma boa e única razão: ele era meu irmão maior e, daquele dia em diante, ele tinha decidido ser legal.

O Novo Testamento identifica essa atividade com uma palavra específica: *encorajamento*. "Por isso, exortem-se e edifiquem-se uns aos outros" (1Tessalonicenses 5:11). É dessa forma que Deus age: Ele é "o Deus de perseverança e de encorajamento" (Romanos 15:5).

Jesus também age assim: "Que o próprio Senhor Jesus Cristo e Deus nosso Pai, que nos amou e nos deu eterna consolação e boa esperança pela graça, dê ânimo aos seus corações e os fortaleça para fazerem sempre o bem, tanto em atos como em palavras" (2Tessalonicenses 2:16-17).

Quando Jesus nos apresentou o Espírito Santo nos capítulos 14 a 16 de João, ele o chamou de *paraklétos*, a forma substantiva dessa mesma palavra usada para *encorajamento*.[1]

A Escritura nos anima: "para que, por meio [...] do encorajamento que vem das Escrituras, pudéssemos ter esperança" (Romanos 15:4).

Os santos no céu nos animam: "Portanto, desde que estamos rodeados por tão grande multidão de testemunhas à vida de fé, deixemos de lado todo peso que nos impede de prosseguir e o pecado que tão facilmente nos faz tropeçar, e corramos com perseverança a corrida que está à nossa frente" (Hebreus 12:1). A multidão dos filhos de Deus está nos incentivando a continuar. Como espectadores na plateia, uma "multidão de testemunhas" nos aplaude dos céus, incentivando para que continuemos firmes.

O Pai, o Filho, o Espírito Santo, as Escrituras Sagradas, os santos... Enfim, Deus valoriza o encorajamento.

O encorajamento acontece quando "chamamos alguém de lado para conversar". Essa, pelo menos, é a impressão que temos a partir da origem da palavra grega. O substantivo *paraklēsis* é a combinação das palavras *para* (ao lado) e *kaleō* (chamar).[2]

Jesus foi o exemplo disso.

Pedro era o discípulo que falava demais. Ele tinha a tendência de falar precipitadamente e de se orgulhar demais, mas Jesus achou alguma coisa no coração desse pescador bronco que valia a pena despertar.

> Chegando Jesus à região de Cesareia de Filipe, perguntou aos seus discípulos: "Quem os homens dizem que o Filho do Homem é?". Eles responderam: "Alguns dizem que é João Batista; outros, Elias; e, ainda outros, Jeremias ou um dos profetas". "E vocês?", perguntou ele. "Quem vocês dizem que eu sou?" Simão Pedro respondeu: "Tu és o Cristo, o Filho do Deus vivo".
> (Mateus 16:13-16)

BATE AQUI, ROCHA!

Cesareia de Filipe ficava bem na fronteira entre Israel e o mundo gentio. Atraía caravanas e peregrinos desde a Etiópia, ao sul, até onde se situa atualmente a Turquia, ao norte. Assim como todas as cidades da Palestina antiga, abrigava pessoas de várias culturas diferentes.

Os singelos seguidores de Jesus não se sentiam muito à vontade com o lado cosmopolita da cidade. Quem sabe tinham ouvido falar da sensualidade das mulheres, da agitação das tavernas e do aroma dos pratos estrangeiros, mas a maioria deles conhecia os templos. As religiões em Cesareia de Filipe eram tão variadas quanto as mercadorias em uma feira. Adorava-se todo tipo de divindades naquele lugar.

Foi nesse turbilhão de religiões e culturas que Jesus perguntou a seus seguidores: "Quem vocês dizem que eu sou?". Posso imaginar o silêncio dos discípulos. Alguém limpa a garganta e ouvem-se alguns suspiros. Passaram a olhar para o chão, baixando os ombros e a cabeça.

Por fim, Pedro quebra o silêncio. Podemos imaginar uma pausa bem longa depois de ter dito as palavras mais audaciosas que ele – e possivelmente qualquer homem – jamais ousou falar. Ele olhou para o rabino destituído de posses da Galileia e disse: "Tu és o Cristo, o Filho do Deus vivo" (Mateus 16:16).

A palavra *Cristo*, por definição, significa o ungido, ou o escolhido. O Cristo, na mentalidade hebraica, não se referia somente ao líder da classe, era a própria classe. Não se tratava de uma palavra final, era a única Palavra. Pedro teve a ousadia de declarar que Jesus era o Cristo.

Jesus só faltou pular de alegria com essa confissão; ele disse: "Feliz é você, Simão, filho de Jonas!" (Mateus 16:17). Na linguagem de hoje: "Valeu, você é o cara! Bate aqui! Acertou em cheio!". Era como se Jesus tivesse aplaudido Pedro de pé ou, quem sabe, lhe desse uma batida de peito daquelas! É como se tivesse lançado seus braços em volta do pescador corpulento e tirado toda a chance de fuga.

Ele resolveu até mudar o nome do apóstolo. Simão agora seria chamado de Pedro, um nome que tem como origem *petros*, ou rocha, porque expressou uma fé consistente como uma rocha. Jesus lhe deu justamente o nome firme e adequado de que ele precisava.

Imagine qual foi a sensação de Pedro quando recebeu essa expressão impactante de afirmação pessoal! Quando seus amigos começaram a chamar-lhe de Rocha, quando Jesus colocou a mão no seu ombro e lhe disse: "Te amo, Rocha!", ou quando ele se recolhia para dormir à noite pensando em seu novo nome, Rocha, será que ele não se sentiu encorajado? É claro que sim!

Jesus fez com Pedro o que todo encorajador faz. Ele despertou o melhor que havia nele e o fortaleceu. Com a habilidade de construtores, aqueles que encorajam amontoam pedras de afirmação e inspiração.

Seus esforços são muito bem recompensados. Décadas de pesquisa sobre o relacionamento conjugal levaram o dr. John Gottman a identificar uma característica interessante dos casais felizes. Os lares saudáveis desfrutam de uma proporção positivo-negativa da ordem de 5 para 1. Em outras palavras, para cada comentário negativo ou crítica, são expressos cinco gestos ou palavras de encorajamento.[3]

Encontrou-se um resultado semelhante entre as equipes de trabalho. Um estudo sobre estilos eficazes de liderança revelou que as equipes de alto desempenho experimentavam uma proporção positivo-negativa de 6 para 1. Em contrapartida, as equipes de baixa performance possuíam uma média de 3 comentários negativos para cada comentário positivo.[4]

O encorajamento intencional impactou minha vida. Quando já tinha 3 anos como pastor sênior em nossa igreja, outro pastor sênior retornou à nossa cidade e à nossa equipe. Ele foi meu superior por trinta anos, estudou em Harvard e era membro da sociedade Mensa. Eu era simplesmente um calouro com meus trinta anos, membro da classe econômica dos reles mortais. Nosso relacionamento poderia ter sido constrangedor ou assustador, mas Charles sempre quebrava o gelo com uma visita ao meu escritório, quando fazia questão de dizer: "Nunca haverá conflitos em nosso relacionamento. Serei seu maior líder de torcida".

Ele cumpriu sua promessa! Pelos 25 anos que convivemos antes de ele falecer, eu tinha a plena certeza de que sempre podia contar com o seu tapinha nas costas depois da pregação e com a sua observação: "Toda semana você se supera!". Achava difícil de acreditar, mas seu apoio era sempre bem-vindo.

O impacto desse encorajamento molda gênios como Michelangelo. Ele visualizava a figura de Davi no mármore e a fazia brotar com a arte da escultura. O encorajador enxerga o melhor que você pode dar e desperta esse potencial não com um cinzel, mas com palavras de afirmação.

A dra. Barbara Fredrickson, escritora do livro *Positividade* e psicóloga social na Carolina do Norte, afirma que as emoções positivas alargam nossa consciência, nos permitindo enxergar um contexto mais amplo e melhorar nossa visão periférica. Por deixar a mente mais aberta, as emoções positivas fortalecem os relacionamentos e até mesmo nos proporcionam uma condição melhor de saúde, porque aumentam a nossa energia. Por outro lado, os estados neutros tendem a limitar nossa mentalidade, e as emoções negativas a contraem ainda mais.[5]

Em outras palavras, um técnico de futebol diminui bastante as chances de uma jogadora marcar um gol na próxima finalização se ele se irritar e gritar com ela. Se ele quiser que a jogadora volte com uma melhor visão de jogo, deve lhe transmitir palavras de afirmação. "As pessoas correspondem melhor às expectativas quando recebem encorajamento, não debaixo de reclamações constantes".[6]

Certa vez, um menino disse as seguintes palavras para o seu pai: "Pai, agora vamos brincar de acertar o alvo. Eu atiro o dardo e você diz: 'Muito bem!'".

Todas as pessoas precisam ouvir um elogio. A razão é a seguinte: há uma conspiração de desânimo ao nosso redor. As empresas gastam milhões de dólares para nos convencerem de que não somos eficientes nem adequados. Dizem que nosso rosto está enrugado para nos vender creme facial, afirmam que nossas roupas estão fora de moda para nos vender os últimos lançamentos, e têm que nos convencer de que nossos cabelos perderam o brilho para promover tintura de cabelo. Os executivos de marketing empregam as mentes mais brilhantes e os maiores investidores da nossa geração para nos convencer de que estamos barrigudos, cheirando mal, feios e desatualizados. A verdade é que estamos sendo atacados!

Dá para entender as duas vacas se alimentando no pasto justamente quando o caminhão de leite está passando. Do lado do caminhão estavam escritas as palavras: "pasteurizado, homogeneizado, padronizado, com vitamina A". Ao ler tudo isso, a vaca disse à outra: "Isso não faz com que você se sinta meio por fora?".

Um bilhão de pessoas se sentem inadequadas. Quem se habilitará a contar a verdade para elas? Está disposto a isso? Que tal transmitir encorajamento ao mundo? Ou mesmo chamar o garoto esquecido do fim da fila para um lugar de destaque? O que você acha de conduzir as pessoas ao caminho da felicidade? Quero convidar você a lembrar à humanidade que ela foi criada à imagem e semelhança de Deus, ou que Deus é por nós, e não contra nós, ou que estamos nas mãos de Deus. no plano de Deus. Está disposto a enfrentar o tsunami de inadequação que suga as pessoas para o fundo do mar?

Eu te convido a alcançar pessoas neste mundo como Tim Scott fez. A vida dele não tinha sido muito boa. Seus pais se divorciaram quando ele tinha 7 anos. A mãe dele, uma assistente de enfermagem afrodescendente, trabalhava 16 horas por dia, mas não conseguia tirar sua família da linha da pobreza. Na sua adolescência, enquanto muitos amigos dele estavam detonando em seus videogames e saindo com as meninas, Tim tinha que vender pipoca no cinema do bairro. No intervalo, ele saía correndo para comer batata frita e beber água na lanchonete do outro lado da rua. John Moniz, o dono da lanchonete, teve sua atenção despertada pelo seu cliente de sempre e perguntou por que ele não comprava mais coisas para comer. Tim explicou que isso era tudo o que podia pagar.

Moniz ficou pensando na situação desse adolescente e resolveu incentivá-lo. Certa noite, ele atravessou a rua levando um saquinho de sanduíches. Os dois começaram uma conversa e John resolveu lhe dar umas dicas. Moniz ficou sabendo que ele estava indo mal em várias matérias na escola, então acabou lhe ensinando o que sabia sobre disciplina e responsabilidade. Ele também lhe transmitiu os princípios bíblicos de administração que estava aplicando em seu negócio, mas, com certeza, a coisa mais importante que ele fez foi ensinar a seu jovem amigo sobre Jesus Cristo.

Tim começou a devorar todos os sanduíches e a absorver toda a sabedoria que Moniz tinha para dar. Justamente quando o rapaz de 17 anos começou a ver sua vida progredir, aconteceu uma tragédia. John Moniz, que tinha 37 anos, morreu de embolia pulmonar. Enquanto contemplava o túmulo do seu amigo, Tim se achou em um momento decisivo em sua vida. Com o propósito de homenageá-lo, resolveu aplicar as aulas que Moniz lhe tinha dado a serviço de uma grande causa. Ele escreveu uma nova declaração de propósito para sua vida. Sua missão passou a ser a de causar um impacto positivo sobre a vida de um bilhão de pessoas.

Apesar de ter escolhido um objetivo bem ambicioso, ao que parece, ele tem uma boa chance de alcançá-lo. Ele foi eleito senador dos Estados Unidos em 2013, o primeiro senador sulista afrodescendente desde a Reconstrução.[7]

E pensar que tudo começou com um sanduíche e um colega que estava disposto a atravessar a rua e dar um pouco de encorajamento. Será que não temos o potencial de fazer algo parecido?

Sugiro que você olhe os Simões Pedros do seu mundo nos olhos, e desperte a Rocha dentro deles...

Ouvindo de modo intencional. Uma mulher desesperada veio ver Jesus. Foi a todos os médicos que podia, gastou todo o dinheiro que tinha e perdeu toda a esperança, mas o pior de tudo era que ela não tinha amigos. Sua doença fazia com que ela fosse considerada cerimonialmente imunda, sendo tirada do convívio da família e proibida de frequentar qualquer local de adoração. Por mais de dez anos, ela tinha sido afastada das pessoas. Por aqueles dias, Jesus veio à cidade. Ele estava a caminho da casa do líder da sinagoga para cuidar da filha dele. Havia uma grande multidão ao seu redor e o povo a apertava; ela estava desesperada. Nesse momento, ao estender a mão em meio à multidão, ela tocou na orla da sua veste e imediatamente seu sangramento parou. "Quem tocou em mim?, Jesus perguntou" (Lucas 8:45). A mulher se afastou. Os 12 anos de rejeição lhe deram receio de chamar a atenção, mas Jesus novamente declarou que alguém tinha tocado nele e, naquele instante, ela abriu o coração: "aproximou-se, prostrou-se aos seus pés e, tremendo de medo, contou-lhe toda a verdade" (Marcos 5:33).

Toda a verdade! Quando tinha sido a última vez que alguém se dispôs a escutar sua história? Jesus separou algum tempo para ouvi-la. Ele teria todos os motivos para não lhe dar atenção: a multidão estava esperando, os líderes da cidade estavam ali parados, uma menina estava morrendo, as pessoas estavam o apressando, os discípulos estavam fazendo perguntas, mas o que vemos Jesus fazer? Ele nos surpreende ao dar ouvidos a ela. Parou o que estava fazendo e pôs-se a escutar. Ele não tinha necessidade de fazer isso. Curar a doença já teria sido o suficiente para ela e para as multidões, mas não era o bastante para Jesus. Ele queria fazer mais do que simplesmente curar seu corpo. Ele estava disposto a ouvir a sua história. O milagre lhe restaurou a saúde, mas a atenção que ela recebeu restaurou a sua dignidade. Como se isso não bastasse, o que ele fez em seguida foi inesquecível. Ele a encorajou, chamando-a de "filha". Essa é única vez nos evangelhos em que ele se dirige a uma mulher dessa maneira: "Filha, a sua fé a curou! Vá em paz" (Lucas 8:48).

Por que você não faz isso por alguém? Peça a esse homem ou a essa mulher que conte sua história. Resista à tentação de interromper ou de corrigir. Desligue a televisão. Saia da internet. Feche seu notebook, coloque seu celular no modo silencioso. Conceda o presente mais raro que existe: toda a sua atenção.

Elogiando de modo abundante. O encorajamento bíblico não se resume a trazer uma palavra casual ou educada, mas consiste em uma decisão consciente de fortalecer o ânimo de outra pessoa. "Consideremo-nos uns aos outros para incentivar-nos ao amor e às boas obras" (Hebreus 10:24). O verbo "considerar" significa "perceber claramente [...] entender completamente, considerar com atenção".[8]

John Trent se lembra da história de um pai jovem cuja filha estava passando pela "fase terrível" dos dois anos. Ela era linda, mas tinha um gênio bem forte, que desafiava a paciência do pai e da mãe. O pai decidiu sair com a filha para tomar o café da manhã e dizer para ela o quanto os pais a valorizavam e a amavam. Enquanto saboreavam as panquecas, ele lhe disse: "Jenny, quero que você saiba que amo muito você, e que você é muito especial para a mamãe e para mim. Oramos por você por muitos anos e, agora que chegou e está ficando essa menina tão linda, estamos muito orgulhosos de você".

Quando ele terminou, sua filha disse: "Continua, papai... Continua!". O pai continuou a afirmar e a encorajar a sua vida. Em outro momento em que ele deu a entender que terminaria de falar, ela insistiu que falasse um pouco mais, e fez esse pedido mais duas vezes. Esse pai não conseguiu comer muito naquela manhã, mas sua filha conseguiu o suprimento emocional de que tanto precisava. Na verdade, alguns dias depois, ela correu para sua mãe para contar: "Eu sou uma filha muito especial, mamãe. O papai me falou".[9]

Você conhece alguém que precisa muito de encorajamento? Tenho certeza que sim. Todo mundo precisa de um líder de torcida, então, disponha-se a ser um. "Procurem o melhor em cada um e façam sempre o melhor que puderem para despertar o melhor no irmão" (1 Tessalonicenses 5:15, A Mensagem).

Em meados da década de 1930, um instrutor da Associação Cristã de Moços sugeriu uma ideia de aula para seu supervisor. Era baseada em alguns princípios que tinha aprendido enquanto trabalhava como vendedor em Warrensburg, Missouri. Os diretores não tinham como pagar o preço comum de dois dólares por noite, então ele concordou em dar as aulas por comissão.

Depois de alguns meses, o curso cresceu tanto em popularidade, que o ganho do instrutor, que era para ser de dois dólares por noite, passou a ser de trinta dólares. Um editor que participou de uma de suas aulas o incentivou a reuni-las em um livro, e foi isso que Dale Carnegie fez. Seu livro *Como fazer amigos e influenciar pessoas* permaneceu na lista de livros mais vendidos do *New York Times* por dez anos. Quer saber a mensagem do livro? Dá para resumi-la em uma frase: "Encorajem-se uns aos outros". O capítulo "O grande segredo de lidar com as pessoas" insiste que o leitor "seja sincero na sua aprovação e pródigo em seu elogio".[10]

Tive uma ideia. Ligue para um amigo ou parente e inicie a conversa com as seguintes palavras: "Você me dá dois minutos para lhe dizer como você é uma pessoa ótima?". A partir daí, solte o verbo. Edifique essa pessoa, transmita palavras de afirmação. Deixe a pessoa constrangida mesmo. Envolva-a de palavras de incentivo. Imite o apóstolo Paulo, que disse a seus amigos em Éfeso: "Em nada fui mesquinho. Vocês receberam toda verdade e encorajamento de que precisavam" (Atos 20:20, A Mensagem).

Há alguns anos eu iniciei uma amizade com um pregador de Houston. Depois de uma ótima refeição juntos, ele me perguntou: "Você troca mensagens de texto?" (Ele não achou que alguém com a minha idade aceitaria alguma mensagem inesperada). Eu disse que sim, então trocamos nossos números de telefone. Em alguns dias, recebi uma mensagem de texto dele dizendo: "Estou mudando seu nome. A partir de agora, você não é mais Max, você é o Máximo!".

Quem sabe você pense que uma mensagem como essa não tenha nenhum apelo para mim, pois sou um pastor de 64 anos acostumado com o mundo dos púlpitos e dos estudos bíblicos. Por esse ângulo, pode parecer que me chamar de "Máximo" soe um tanto infantil.

Mas não é bem assim. Quando vejo o nome dele no meu telefone, abro sua mensagem correndo, porque gosto muito de incentivo, como todo ser humano. É por esse motivo que desejo incentivar você a andar pelo caminho da felicidade, encorajando uns aos outros.

Diga a alguém que ele é "poderoso", que é "especial". Chame alguém de Rocha!

Desperte o Pedro dentro de um Simão.

Presenteie alguém com uma coisa que Deus tem prazer em conceder: o dom do encorajamento.

Capítulo 3

Deixe as cismas de lado

Sejam pacientes, suportando uns aos outros com amor.
— Efésios 4:2

Um palita os dentes em público, outra tem o cacoete de limpar a garganta toda hora, e outro não aguenta assistir às notícias sem comentar. Uma se pinta como um palhaço, enquanto outro fecha os carros no trânsito, e outra não deixa ninguém falar. Um tem tolerância zero, outra é relaxada e de fala mansa, e outro enche a paciência. Isso sem falar naquela que pega no seu pé. Que gente irritante, deselegante, decepcionante, enlouquecedora! Que raiva!

Bem que as pessoas poderiam deixar de ser tão normais. Seria bom se usassem desodorante ou enxaguante bucal, fechassem a boca enquanto comem, calassem os bebês quando choram e cortassem a grama sem a deixar um verdadeiro caos.

Temos uma ideia fixa de como o mundo deve ser; quando as pessoas agem de um modo que não nos agrada, chamamos isso de "cismas particulares". Não chega a ser uma barreira intransponível, um conflito violento ou um crime, mas é simplesmente uma cisma (esquisitice, peculiaridade) particular (pequena, pessoal, individual). Uma implicância insensata.

Uma das minhas cismas foi posta à prova uma noite dessas quando eu e Denalyn fomos ao cinema assistir a um filme bem engraçado em uma sessão bastante concorrida. Havia poucas cadeiras disponíveis. Acabamos encontrando duas poltronas vazias perto do corredor da penúltima fileira.

Conforme acabei de dizer, o filme era engraçado. Era isso que eu achava, e o camarada sentado na cadeira de trás também, que descobriu uma nova dimensão para curtir a sétima arte. Enquanto todas as pessoas davam risada depois da cena, ele ria antes dela. Quando percebia que a parte engraçada estava chegando, ele começava a dar uma risadinha um tanto enjoada. Então começava a antecipar para sua esposa o que estava para acontecer, estragando a surpresa do filme para todos. "Ele vai cair! Olha lá, querida! Ele vai cair! Ele nem notou a guia. Vai acabar tropeçando!". Depois chegava o grande momento, seguido da declaração: "Eu não te disse? Ele tropeçou e caiu!", que o fazia explodir em uma gargalhada que fazia as paredes estremecerem e não nos deixava ouvir as falas seguintes. Que comportamento estranho!

O que faz você ficar cismado?

Conheço uma mulher que cismava com pelos faciais. Com certeza Freud explica, embora ele tenha usado barba. Por algum motivo, ela não gostava de barba. Quando deixei minha barba crescer, ela deixou bem clara a sua insatisfação. Meus folículos faciais sempre a deixavam irritada, de tal modo que esperava várias vezes na fila depois do culto para expressar sua opinião. Sempre me perguntava em cada uma dessas oportunidades "se minha barba valia tanta frustração".

A alegria é um bem precioso. Por que perdê-la por tão pouco?

As expressões que usamos sobre nossas cismas mostram claramente quem acaba sofrendo. Ele "me deixa com a cabeça quente", ou "me embrulha o estômago", ou ela "mexe com meus nervos". Nós nos referimos à nossa cabeça, o nosso estômago e aos nossos nervos, e quem sofre somos nós mesmos. Cada cisma diminui nosso saldo de alegria.

Imagine que uma cesta cheia de bolinhas de pingue-pongue represente sua cota diária de felicidade. Cada irritação, se você permitir, pode tirar uma bolinha da sua cesta.

- Ele deixou a roupa suja jogada no chão. Lá se vai uma bolinha!
- Ela deixa para se maquiar na última hora. Poft! Lá se vai outra!
- Não sei de onde tiraram a ideia de fazer tatuagens.
- Não sei por que se importam tanto com a minha tatuagem.
- Caminhões grandes não deviam ocupar duas vagas de estacionamento.
- Pregadores não deviam deixar a barba crescer!

Lá se vão nossas bolinhas de alegria, uma por uma, até acabarem.

Se você tiver um buraco na sua cesta de felicidade, não haverá como ajudar as pessoas a sorrir. Por isso, o apóstolo Paulo disse: "Sejam pacientes, suportando uns aos outros com amor" (Efésios 4:2).

A palavra que o apóstolo usa para "paciente" é um termo que combina a palavra "longo" com a palavra "temperado".[1] A pessoa de pavio curto tem uma reação imediata. A pessoa paciente tem um "pavio longo". A palavra traduzida como *temperado* significa literalmente aquilo "que leva muito tempo para ferver".² Em outras palavras, não se queima rápido. Os aborrecimentos fazem parte da vida, mas não precisam encurtá-la.

A pessoa paciente vê todas as esquisitices do mundo, mas, em vez de estranhá-las, ela as suporta. Obrigado pelo realismo, Paulo. Há muitos momentos em que desfrutamos da companhia uns dos outros, temos prazer uns com os outros, e até apreciamos uns aos outros, mas existem outros que exigem uma tolerância gigantesca para suportar uns aos outros. O verbo que Paulo usa significa exatamente isso: tolerar, suportar e ser paciente. As outras traduções esclarecem:

> "Sejam pacientes... tendo tolerância pelas faltas uns dos outros." (NBV)
> "Aceitem a vida com humildade e paciência, prestando auxílio uns aos outros." (Phillips, tradução livre)
> "Tolerem-se uns aos outros." (The Voice, tradução livre)

Os 37 anos de casamento comigo, o rei dos esquisitos, fizeram da Denalyn doutora nesse assunto.

Ao dirigir, meus pensamentos começam a viajar. Quando isso acontece, ando bem devagar. (*Max, presta atenção!*)

Conserto as coisas, mesmo com risco de perdê-las. (*Max, eu te disse que era melhor chamar um faz-tudo!*)

Ando de um quarto para o outro no meio da noite, sem explicação nem justificativa. Simplesmente acordo, seguindo em busca de novas pastagens. (*Max, em que quarto acabou dormindo ontem à noite?*)

Meu queixo estala sempre que como bife. (*Max, você está incomodando as pessoas da mesa ao lado!*)

38

Só aguento ficar meia hora em uma festa, mas ela consegue aguentar duas horas. (*Calma, Max! Nós acabamos de chegar!*)

Comprar comida para mim parece uma viagem para a Amazônia. Corro o risco de não voltar mais. (*Já faz duas horas que você saiu e você só comprou batata frita?*)

Mesmo assim, ela é a pessoa mais alegre das redondezas. Pergunte às amigas dela ou às minhas filhas. Elas lhe dirão que ela é casada com um homem bem esquisito, mas é alegre como uma criança no Carnaval. Deixe-me contar o segredo dela: ela aprendeu a apreciar minhas idiossincrasias. Ela me acha divertido! Quem imaginaria uma coisa dessas? Para ela, sou uma espécie de indicado ao Oscar da excentricidade.

Para ser sincero, ela expressa claramente suas opiniões. Sei muito bem quando testo a paciência dela, mas nunca fico com medo de que as coisas percam o controle, e me sinto cada vez mais feliz com isso.

Felicidade é mais decisão do que emoção. Trata-se da decisão de suportar um ao outro.

Falando nisso, já parou para pensar sobre a habilidade que as pessoas que convivem com você têm para suportar o seu modo de ser? Da próxima vez que achar que é difícil conviver com os outros, imagine como é difícil conviver com alguém como você.

Ou, usando as palavras de Jesus, não surte com o argueiro que está no olho da outra pessoa enquanto ignora a trave que está no seu. Se alguém acha que Jesus nunca contou uma piada, deve ser porque nunca leu essas palavras do Sermão do Monte:

> Por que você repara no cisco que está no olho do seu irmão, e não se dá conta da viga que está em seu próprio olho? Como você pode dizer ao seu irmão: "Deixe-me tirar o cisco do seu olho", quando há uma viga no seu? Hipócrita, tire primeiro a viga do seu olho, e então você verá claramente para tirar o cisco do olho do seu irmão. (Mateus 7:3-5)

Jesus tinha em mente uma pessoa que estava com um pedaço de madeira saindo do seu olho, pendurado como o nariz do Pinóquio. Toda vez que ele vira a cabeça, as pessoas se afastam dele para não se machucar. Sua mulher nem quer dormir na mesma cama com medo de que ele role para cima dela e a derrube. Esse não consegue nem jogar uma partida de golfe. Toda vez que fosse olhar a bola no chão, a madeira grudaria nele.

No entanto, apesar de essa madeira estar no seu olho, ele ignora completamente a sua presença, e é bem ingênuo com relação ao olhar dos outros. Quando não tiram o olhar dele, pensa que estão gostando muito da sua camisa. Ele não percebe a tora no seu olho, mas não consegue ignorar que um homem está do outro lado da rua esfregando o olho com um pano. Sem o mínimo de constrangimento, o homem com o pau-brasil no rosto olha para a direita e para a esquerda, afastando as pessoas que estão ao seu lado, e marcha pela avenida fazendo um discurso: "Você precisa tomar mais cuidado! Não percebe que ter alguma coisa na vista pode ser perigoso?". Depois, ele tranquilamente lhe dá as costas e desfila pela rua.

Tenho certeza que classificar essa cena como bizarra seria pouco, mas ela é bem pertinente. Temos olhos de águia quando se trata de observar os outros, mas podemos ser cegos como uma toupeira quando examinamos a nós mesmos. Para ser honestos, extremamente sinceros, temos que admitir que passamos muito mais tempo tentando consertar os outros do que deveríamos. Será que não reconhecemos muito mais os erros dos nossos amigos do que os nossos?

Temos a tendência de ser como o homem que estava na rodovia interestadual. Enquanto dirigia, ele recebeu uma ligação da esposa. Ela estava morrendo de medo: "Meu amor, tenha cuidado. Ouvi falar no rádio que tem um homem dirigindo na estrada na contramão!".

A resposta do marido foi igualmente imediata: "Você não ouviu nem a metade da história, querida! Não é só um carro que está na contramão. Eu já vi centenas!".

Você acha que o mundo precisa de uma tolerância maior? Então, seja tolerante. Quer que as pessoas parem de reclamar? No momento em que você parar de fazer isso, haverá um queixoso a menos. Ninguém se importa com os pobres? O nível de atenção subirá quando você usar de compaixão com eles. Se quiser mudar o mundo, comece com você mesmo. Antes de apontar o argueiro nos olhos dos outros, veja se você não está carregando um tronco de sequoia.

D. L. Moody foi um dos cristãos mais influentes da sua geração. Levou milhares de pessoas à fé e estabeleceu muitas instituições de ensino e treinamento. Apesar de tudo o que conquistou, ele tinha a fama de ser um homem humilde que não costumava se gabar, e de ser bem amável com as pessoas. Uma frase bem famosa dele era: "No momento, estou tão ocupado com D. L. Moody que não tenho tempo para apontar o erro de quem quer que seja".[3]

O ensino de Jesus não desprezou a importância da crítica construtiva. Ele simplesmente insistiu que seguíssemos a ordem correta: "Tire *primeiro* a viga do seu olho, e então você verá claramente para tirar o cisco do olho do seu irmão" (Mateus 7:5, destaque nosso).

Existe um momento certo de falar, mas, antes de fazer isso, verifique suas intenções. O objetivo é sempre ajudar, e nunca magoar. Examine a si mesmo antes de olhar para os outros com desprezo. Em vez de colocá-los em seu devido lugar, coloque-se no lugar deles.

A verdade é que todos erramos de vez em quando. Posso entender perfeitamente o erro que a senhora de noventa anos chamada Marie cometeu quando achou que as compras de Natal eram muito difíceis para alguém com a sua idade. Ele resolveu mandar cheques para a sua família e para os seus amigos. Ela escreveu em todos os cartões: "Compre o seu próprio presente".

D. Marie teve um final de ano bem movimentado, e só depois do Natal teve tempo de limpar sua mesa. Imagine sua decepção quando encontrou debaixo de uma pilha de papel todos os cheques que ela tinha esquecido de colocar com os cartões que ela mandou.[4]

Eu poderia ter feito a mesma coisa.

Acredito que suportar uns aos outros é um dever que temos uns com os outros.

Na comemoração do aniversário de trinta anos de seu casamento, um amigo meu me contou o segredo do seu relacionamento feliz. "Logo que nos casamos, minha esposa sugeriu um acordo. Ela tomaria todas as pequenas decisões e eu tomaria as importantes. Não é que todos esses anos se passaram sem que tivéssemos nenhuma decisão importante a tomar?".

É claro que ele estava brincando, mas é sábio reconhecer o número relativamente pequeno de decisões importantes na vida. A maioria dos detalhes no mundo não passa mesmo de meros detalhes, ou coisas pequenas. Se você não se desgastar com as pequenas coisas, não haverá muito com o que se preocupar.

Você será testado nos próximos dias. Um motorista esquecerá de usar a seta. O passageiro no avião falará alto demais. O comprador entrará na fila do caixa expresso de dez mercadorias com quinze itens. Seu marido assoará o nariz como se fosse uma sirene. Sua esposa inventará de dividir a garagem ao meio. Quando fizerem tudo isso, pense sobre sua cesta de bolinhas de pingue-pongue.

Não abra mão de nenhuma bolinha. Nenhuma cisma particular vale a sua alegria ou a dessas pessoas.

Lembra-se da pessoa que ficou na cadeira atrás de mim no cinema? Com as palavras que você acabou de ler fresquinhas na minha cabeça, decidi colocar minha pregação em prática e, em vez de ficar bravo, comecei a dar risada com ele. Acabei me divertindo com a risadinha com a qual ele avisava que a parte engraçada estava chegando. Ri quando ele contava para a mulher o que estava para acontecer. Ri com a gargalhada dele e, depois, com o simples fato de ele rir. Cheguei à conclusão de que estava me divertindo duas vezes: a primeira com a tela a minha frente, e a segunda com o camarada por de trás: uma verdadeira comédia em dois canais. Era como se fossem duas atrações ao mesmo tempo.

A paciência tem um efeito bumerangue. Quando suportamos uns aos outros, preservamos nossa alegria e descobrimos novos motivos para sorrir.

Não se trata de uma tarefa fácil, mas com certeza é essencial. A vida é preciosa e curta demais para ser vivida com uma raiva constante.

Um dos meus lugares preferidos do planeta é o bosque que cerca o rio Guadalupe, que fica a poucos minutos da minha casa. É um lugar bem tranquilo. Várias nuvens gordas e preguiçosas flutuam sobre a nossa cabeça. Um barranco bem alto serve de abrigo para os ventos fortes. Robalos nadam por entre as rochas, e a grama cresce por toda a beira do rio. O que dizer das árvores? Como são lindas! A fileira de ciprestes marca a beira do rio, com as algarobas e os carvalhos completando o desenho, esticando seus membros e cavando suas raízes na fina camada de terra sobre a rocha calcária. Essas árvores suportam o inverno e celebram o verão.

Entretanto, todas elas são encurvadas. Nenhuma delas possui o tronco reto. Elas se curvam e rodeiam, sem que exista uma árvore perfeita. Mesmo assim, formam o cenário perfeito da tranquilidade. Os pescadores cochilam à sua sombra, os pássaros se aninham nos seus galhos e os esquilos escavam casas nos seus troncos.

A humanidade é como esse bosque cheio de árvores. Embora tentemos manter uma postura ereta, ninguém consegue. Vivemos nos retorcendo e temos um casco horrível. Alguns dos nossos troncos estão cheios de musgos, e alguns dos nossos galhos são pesados. Somos uma coleção de madeiras tortas, e não há problema algum nisso.

Existe uma beleza em nossas curvas, portanto, aprecie a Sociedade da Madeira Encurvada. Dê uma chance para as pessoas. Seja menos rígido. Reduza o seu número de implicâncias e seja paciente com as pessoas que as cultivam.

O mundo, por causa de todas as pessoas estranhas dentro dele, é um lugar maravilhoso para viver.

Quanto mais rápido descobrirmos a sua beleza, mais felizes seremos.

Capítulo 4

O doce som do segundo violino

> Considerem os outros superiores a si mesmos.
> — Filipenses 2:3

O dia em que compramos um piano foi uma data especial na casa da família Lucado. Denalyn gosta muito de tocar música, e queríamos que nossas filhas pegassem gosto pela coisa.

Jenna tinha cinco anos, Andrea tinha três e Sara era um bebê recém-nascido. Elas eram muito pequenas para tocar bem, mas já tinham idade suficiente para organizar um recital para o papai, e passaram a fazer isso quase toda noite. Quem sabe esse seria um plano para demorarem um pouco mais a ir para a cama. Se for esse o caso, o plano deu certo. Que pai resistiria ao convite: "Papai, posso tocar uma música para você?".

"Também quero! Posso tocar algo no piano para você?"

"É claro que sim!", costumava dizer. Sendo assim, frequentemente assistíamos à repetição da seguinte cena: a menina de pijama com pezinho subia no banco do piano, com os cabelos ainda molhados do banho, e mais batia nas teclas do que tocava. Quando terminava, saltava do banco e fazia reverência, a deixa para que eu e Denalyn aplaudíssemos. Depois era a vez da irmã número dois repetir a cena. Era uma alegria na maior parte das noites, exceto pelas brigas. (Peço que Jenna e Andrea me desculpem, mas realmente aconteceram algumas.)

Havia noites em que Andrea achava que Jenna demorava muito para tocar. Então ela subia no banco ao lado de Jenna e começava a empurrá-la para tomar seu lugar. Em outras ocasiões, Andrea não tocava direito e Jenna teimava em ensiná-la sem ser convidada. Nessa hora começava a discussão:

"Mas, papai, ela não está tocando certo!"

"Mas, papai, agora é a minha vez!"

"Mas, papai..."

O que elas não conseguiam entender e o que eu tentava explicar era isto: o papai não estava avaliando a música, nem precisava ser impressionado, nem precisava de nenhuma performance, show ou competição. Ele simplesmente gostava de ter esse momento com as filhas. A competição e a comparação despertavam nelas uma atitude controladora, e eu acabava sugerindo: "Vamos aproveitar esse momento juntos!".

Certa ocasião, Jesus disse a mesma coisa para duas irmãs. A competição e a comparação dentro do lar ameaçaram estragar uma noite ótima:

> Caminhando Jesus e os seus discípulos, chegaram a um povoado, onde certa mulher chamada Marta o recebeu em sua casa.

> Maria, sua irmã, ficou sentada aos pés do Senhor, ouvindo-lhe a palavra. Marta, porém, estava ocupada com muito serviço. E, aproximando-se dele, perguntou: "Senhor, não te importas que minha irmã tenha me deixado sozinha com o serviço? Dize-lhe que me ajude!" Respondeu o Senhor: "Marta! Marta! Você está preocupada e inquieta com muitas coisas; todavia apenas uma é necessária. Maria escolheu a boa parte, e esta não lhe será tirada".

O evangelista Lucas incluiu na sua primeira frase algumas dicas sobre a personalidade de Marta: "Marta o recebeu [Jesus] em sua casa" (v. 38)

Marta concentrava o departamento de recepção em uma só pessoa. A tarefa não foi realizada por Marta e Maria, nem por Marta, Maria e Lázaro. Quem recebeu Jesus foi Marta.

Fico imaginando-a de pé na varanda recebendo Jesus em "sua casa". Não se retrata a casa como sendo também de Lázaro e de Maria, mas como território de Marta.

Essa é a hora de Marta recebê-lo de braços abertos: "Pode entrar, fique à vontade". Essa é uma data especial, e Marta planejou um "jantar especial" (v. 40, NLT).

Ela acompanha Jesus até a sala, oferece-lhe uma cadeira e acena a seus amigos para que se sintam à vontade. Jesus se senta e, bem na hora em que Marta ia fazer o mesmo, ela ouve um barulho na cozinha.

Ding, ding. A sopa está pronta – a sopa de cenoura com gengibre que sua xará preparou no *The Martha Stewart Show*. A Marta de Betânia lembrou que a Martha Stewart avisou para não deixar a sopa ficar quente demais, nem esperar muito.

"Jesus, você me dá licença? Preciso dar uma olhada na sopa!", ela diz.

Ela corre para a cozinha, agarra o avental que estava pendurado e amarra nas costas. Ela tira a panela da boca do fogão, mergulha a colher de madeira na sopa e prova, quase se engasgando. Está insossa como uma clara de ovo, porque ela tinha esquecido de colocar o gengibre. Bem que a Martha Stewart olhou para a câmera e avisou: "Não vai esquecer o gengibre!". Foi justamente o que a Marta de Betânia fez. Ela abre rapidamente as persianas de madeira e procura na sala ao lado. Enquanto isso, os discípulos estão conversando bem alegremente.

"O jantar pode atrasar um pouco!", ela anuncia.

Jesus olha para ela sorrindo e diz: "Não tem problema".

Marta, então, se esforça freneticamente para fazer mais sopa. É claro que o jantar não pode ficar sem a sopa, porque é um "jantar especial". Ela tinha planejado tudo: primeiro ela serviria a sopa para Jesus diante de todos os discípulos. Até mesmo o céu pararia para ver a satisfação enorme de Jesus ao saboreá-la. Ele dirá que a sopa está uma delícia, um verdadeiro manjar divino e celestial, o caldo dos anjos!

Ela se via corando e tentando disfarçar o elogio. "Ah, Jesus! Não foi nada! Fiz essa sopa tão rápido!". Nesse momento, já haveria uma multidão no jardim da frente, quem sabe com um ou dois caminhões da imprensa, divulgando aos quatro ventos: "Jesus está na casa de Marta, e ele gostou muito da sopa que ela fez!".

É lógico que esse evento nunca aconteceria se ela não fizesse a sopa. Então ela acende o fogão novamente e dá uma olhada no bolo de carne. Precisa regá-lo duas vezes, uma com molho de tomate e outra com mel. Está na hora da segunda regada, por isso ela coloca o bolo na bancada. Enquanto abre a despensa para pegar o mel, ela olha para a jarra de chá com menta em cima da bancada. "Que horror! Esqueci de servir o chá com menta!" Que espécie de anfitriã era ela? Ela puxa uma bandeja, enche alguns copos de gelo, corre para a sala, e as portas ficam balançando.

A essa altura, Jesus com certeza deveria estar morrendo de sede. Marta achava que ele olharia para ela e depois para o relógio, franzindo a testa, mas ele está bem tranquilo. Está sentado na ponta da cadeira contando uma história. Seus olhos dançam, suas mãos gesticulam e os discípulos sorriem com a descrição de um rapaz judeu que estava alimentando os porcos.

E, bem à sua frente, sentada de pernas cruzadas no chão, encontra-se Maria, sua irmã menor.

Ela pergunta com curiosidade: "Porcos?".

"Sim, porcos!", Jesus afirma.

Marta se aproxima pedindo desculpas com a jarra de chá: "Peço desculpas por ter esquecido o chá. Você deve me achar uma anfitriã péssima, mas, sabe, eu me esqueci do gengibre e tive que fazer a sopa de novo, e o bolo de carne... meu Deus, o bolo de carne!".

Ela deixa a bandeja sobre a mesa, corre de volta para a cozinha e joga o molho no bolo de carne. "Bem na hora!", ela diz quando coloca o bolo de volta no forno.

Então, ela pega a tábua para cortar as verduras. Quando olha por entre as persianas de madeira, observa Maria aos risos perto de Jesus, enquanto ele se prepara para contar outra história. Nesse momento, ela se dá conta de que Maria não a está ajudando. Quem sabe ela pudesse cortar a cenoura ou lavar o aipo. Alguma coisa dava para ela fazer.

Enquanto Marta aumenta a temperatura da sopa, a temperatura também sobe na sua cabeça. Maria sabia muito bem que havia muita coisa a fazer. Os talheres ainda estavam na gaveta e os copos ainda estavam na despensa.

Marta dá um suspiro bem alto na cozinha. Enche os braços de pratos, leva-os para a sala de estar e os coloca na mesa fazendo barulho. Maria nem se mexe. Sua expressão muda enquanto volta para a cozinha para mexer a sopa.

Em poucos instantes, ela volta com passos fortes para a sala, trazendo a colher de madeira numa das mãos, batendo-a na palma da outra e dizendo: "Senhor, não te importas que minha irmã tenha me deixado sozinha com o serviço? Dize-lhe que me ajude!" (v. 40).

A conversa para enquanto dezenas de olhos se voltam para a cena. Maria baixa a cabeça enquanto Jesus levanta o olhar. Marta, com as bochechas coradas de raiva, faz cara de poucos amigos. Suas palavras ficam paradas no ar como uma raspada de unha na lousa.

O que houve com aquela Marta receptiva e hospitaleira? Lucas nos responde: "Marta estava ocupada com o jantar especial que estava preparando" (v. 40, NLT). Ela tinha *grandes* planos para causar um *grande* impacto com seu evento *especial*, mas acabou fazendo uma *grande* confusão. Ela ficou "preocupada e inquieta com muitas coisas" (v. 41).

O mais irônico de tudo isso é que Marta estava na presença do Príncipe da Paz, mas era o símbolo do estresse.

Como se explica isso? O que podemos aprender com o ataque histérico de Marta? Que é pecado cozinhar? Que a hospitalidade é instrumento do diabo? A resposta é negativa. A Bíblia dá uma grande importância para festas e banquetes. Será que foi errado ela contar com a ajuda de Maria? É claro que não!

O equívoco de Marta não estava no que ela fez nem no que ela pediu, mas sim na sua motivação. Sou levado a pensar que ela não estava servindo a Jesus, estava somente representando para ele. Ela não estava sinceramente preparando uma refeição para ele: estava dando uma atenção demasiada para o seu serviço. Estava obcecada com o mais sutil dos enganos: a autopromoção.

A autopromoção só considera a própria pessoa: "Olha só o que eu fiz, o que eu preparei".

Ela não dá espaço para os outros: "Tudo o que ela sabe fazer é ficar sentada".

Ela até dá ordem para Jesus: "Diga-lhes para irem trabalhar!".

Ela tira a beleza e a graça do ser humano.

Diga-me: Você gostaria de desfrutar da companhia de qual das duas irmãs da história por um tempo? De Marta ou de Maria?

Essa pergunta é importante: Será que existe alguma Marta entre nós? Ou será que existe um pouco de Marta dentro de nós? Será que as coisas que fazemos para Jesus nos deixam mal-encarados?

Hannah Whitall Smith, escritora do livro *The Christian's Secret of a Holy Life* [*O segredo da vida santa do cristão*], foi criada na igreja. Alguns anos antes de aceitar a Cristo, ela registrou sua opinião sobre os cristãos em seu diário:

> Algumas pessoas vivem quase como se pensassem que é pecado sorrir ou falar alguma coisa agradável. Acho que a igreja deve tornar uma pessoa alegre, não triste nem desagradável... Em vez de uma voz animada, se ouve um suspiro longo, arrastado e melancólico... em vez do amor e do interesse por aqueles que ainda não encontraram o caminho da vida. Existe uma indiferença fria, um sentimento de superioridade que acaba fechando todas as portas... Em vez da gentileza e da graça com as pessoas em redor, existe uma espécie de animosidade oculta e uma comparação contínua, seguida de uma ditadura desagradável, e então, em vez da igreja nobre, bonita, humilde, de mente liberal e feliz da qual costumo imaginar que faço parte, eu a vejo como uma cruz, melancólica, presunçosa, preconceituosa e mesquinha.[1]

Quem sabe Hannah tenha conhecido algumas Martas. É um caminho perigoso esse negócio de autopromoção. O que começa com um desejo de servir a Cristo acaba se degradando para um gesto para impressionar as pessoas. Quando isso acontece, as Martas talentosas se tornam murmuradoras tristes, e é fácil descobrir o motivo. Se a sua felicidade depende do aplauso e da aprovação dos outros, você passará a ser uma pessoa inconstante, baseada nas opiniões instáveis das pessoas. Quando é reconhecido, você caminha com orgulho; se não for notado, você resmunga.

O fascínio da nossa geração pelas redes sociais levou o vício da adulação a um nível completamente novo. Medimos nosso sucesso pelo número de curtidas, de retuitadas, de joinhas e de amigos. A reputação das pessoas sobe e desce de acordo com o capricho dos cliques e as postagens do Facebook. As redes sociais são a comparação social com esteroides. Será que faz sentido basear sua alegria nas reações imprevisíveis e nas críticas de pessoas que nem conhece?

Mas a Marta dentro de nós não desiste tão fácil. Ela veio dar o ar da graça no meu coração um dia desses. Uma conferência cristã estava sendo realizada em nossa cidade. Um dos palestrantes precisou cancelar na última hora, e recebi um telefonema dos organizadores perguntando se haveria a possibilidade de substituí-lo.

Posso contar qual foi a primeira coisa que me veio à mente? Eu, tapando o buraco de alguém, a segunda opção, o plano reserva ou "plano B"? Nem quis saber. Minha reação foi egocêntrica e repugnante.

Pode escrever isso. Quando o ministério se torna uma ambição inútil, não acontece nada de bom. Marta fica esperta, Max fica se achando e ninguém serve a Jesus. Não é à toa que Paulo insistia tanto, dizendo: "Nada façam por ambição egoísta" (Filipenses 2:3).

Eu não sou o jogador mais importante do time de Deus, nem você é o queridinho de Deus. Nós não somos o dom de Deus à humanidade. Ele nos ama, habita em nós e tem planos maravilhosos para nós. Ele pode usar cada um de nós, mas não depende de nós. Somos valiosos, mas não indispensáveis.

> Será que o machado se exalta acima daquele que o maneja,
> ou a serra se vangloria contra aquele que a usa?

> Seria como se uma vara manejasse quem a ergue,
> ou o bastão levantasse quem não é madeira! (Isaías 10:15)

Nós somos o machado, a serra, a vara ou o bastão. Não conseguimos fazer nada sem a mão de Deus sobre nós.

Nada mesmo! "De modo que *nem* o que planta *nem* o que rega *são alguma coisa*, mas unicamente Deus, que efetua o crescimento (1Coríntios 3:7, destaque nosso).

Que presente você dá que ele já não tenha dado? Que verdade você ensina que ele já não tenha ensinado? Você ama, mas quem o amou primeiro? Você serve, mas quem o serviu mais? O que você faz para Deus que Deus não possa fazer sozinho?

A graça de Deus é imensa por nos usar.

Como é sábio da nossa parte nos lembrar da atitude de Paulo com relação à autopromoção que drena a nossa alegria! "Com uma mente humilde, que cada um de vocês considerem uns aos outros mais importantes do que si mesmos" (Filipenses 2:3, NASB, tradução livre).

Com certeza, Jesus tinha um sorriso no rosto quando deu as seguintes instruções:

> Quando alguém o convidar para um banquete de casamento, não ocupe o lugar de honra, pois pode ser que tenha sido convidado alguém de maior honra do que você. Se for assim, aquele que convidou os dois virá e lhe dirá: "Dê o lugar a este". Então, humilhado, você precisará ocupar o lugar menos importante. Mas quando você for convidado, ocupe o lugar menos importante, de forma que, quando vier aquele que o convidou, diga-lhe: "Amigo, passe para um lugar mais importante". Então você será honrado na presença de todos os convidados. (Lucas 14:8-10)

Felizes aqueles que são desqualificados! Esperar o aplauso dos outros é uma iniciativa insensata! Faça um favor a si mesmo e não presuma nada. Se você não for notado, não se surpreenda. Se for, pode festejar.

Eu te proponho um exercício útil que pode tirar a concentração de si mesmo e direcionar sua atenção aos outros. Durante as próximas 24 horas, tenha o objetivo de festejar tudo o que acontece de bom para os outros. Faça uma lista. Desenvolva sua habilidade de "se alegrar com os que se alegram" (Romanos 12:15). No momento em que vir algo bom sendo feito por alguém ou para outra pessoa, elogie silenciosa ou publicamente. Jogue confete. Percebe a diversão que tem pela frente?

Você não sentirá inveja do pessoal da Flórida por causa do clima excelente deles. Em vez disso, festejará seus dias ensolarados. A promoção do seu colega vai gerar felicidade, não ressentimento. Ver a Maria estudiosa não fará com que a Marta se irrite. Você agradecerá a Deus pela atenção que ela dá às coisas espirituais.

Ouso dizer que você acabará tendo uma vida muito mais alegre.

Quando você pensa somente em si mesmo, pode se preparar para um dia cheio de decepções, mas, se pensar mais nos outros, pode esperar um dia bem especial. Você encontrará uma alegria seguida da outra se considerar o sucesso dos outros mais importante do que o seu.

Um dia desses, três anjos estavam observando um homem santo. Ele fazia tanto bem para as pessoas, que os anjos se aproximaram de Deus com esse pedido: "Esse homem merece um presente especial. Ele é muito altruísta e sempre ajuda os outros. O que o Senhor acha de recompensá-lo?

"Que recompensa vocês acham que ele merece?", Deus perguntou.

"Quem sabe o dom de eloquência!", um anjo sugeriu.

"O dom da sabedoria!", ofereceu o segundo.

"Ou o dom da liderança!", opinou o terceiro anjo.

"Por que vocês não o consultam para saber o que ele quer ganhar?", Deus sugeriu.

Os anjos concordaram e foram falar com o homem.

"Gostaríamos de lhe dar um presente."

O homem não disse uma palavra.

Os anjos explicaram: "Pode ser qualquer presente!".

"O que você acha de ter o dom da eloquência para poder pregar?"

"Podemos lhe dar sabedoria para você poder aconselhar."

"Ou podemos lhe dar o dom de liderança, para que você possa orientar a vida das pessoas."

O homem olhou para os anjos e perguntou: "Esse negócio de eu poder escolher qualquer presente é sério?"

"Sim."

"Qualquer presente mesmo?"

"Exatamente."

"Então já sei o que quero."

"Pode falar, que você ganha na hora."

"Quero fazer o bem sem saber que fiz."

A partir daquele dia, sempre que a sombra daquele homem passava por algum lugar, aconteciam coisas boas. As plantas floriam, as pessoas riam, os doentes eram curados, os comerciantes tinham sucesso e o homem, sem ter conhecimento do seu sucesso, sorriu.

Bem-aventurado o cristão que dá atenção aos outros.

Como é infeliz o cristão que só pensa em si mesmo!

Se o seu desejo de ser reconhecido pelos outros está lhe consumindo, tenha certeza de que isso também atrapalha a vida dos outros. Deixe de ser uma Marta e volte ao primeiro amor. Se tiver alguma música para tocar no piano, pelo amor de Deus, toque, mas faça para agradar a ele! Você se impressionará com a paz que envolverá essa noite.

Capítulo 5

A bela arte de dizer "oi"

> Saúdem uns aos outros.
> — Romanos 16:16

O chefe chegou ao limite. Concluiu que tinha aguentado além do que qualquer diretor executivo deveria, e assim tinha feito *até o momento*. Chegou a seu ponto de saturação. Ele disse *Chega!*, e mandou à sua equipe uma carta de duas páginas e meia que começou com este parágrafo:

> Entrarei em uma licença de um mês... Não tenho certeza do que farei nem de para onde vou, mas não estarei aqui no escritório.

Ele está longe de ser o primeiro executivo que teve vontade de dar as costas ao caos e ir embora. A ocorrência da sua frustração não era original, mas o que o levou a essa frustração com certeza é digno de atenção.

> Essa empresa tem desenvolvido um histórico de desrespeito às pessoas e está na hora de dar um basta. Chegou ao cúmulo de eu ter medo de sair do escritório pelo receio de que as pessoas comecem a falar sobre o que não concordam. Passei até a ter medo de tirar férias prolongadas.
> A partir de agora, ou as pessoas tratam umas às outras com respeito, dignidade e cortesia, ou então estou fora. Empenhei muito esforço e tempo para ver essa empresa ir à falência. Prefiro sair (e pedir as contas) a permitir que isso aconteça.
> Ou vocês tratam uns aos outros com respeito, ou não trabalho mais aqui.
> Quando voltar, perguntarei a várias pessoas no escritório se, na minha ausência, foram tratadas com mais respeito. Se esse for o caso, farei um esforço e tocarei o barco com determinação, mas, se nada mudar, darei prosseguimento à minha carreira em outro lugar.

O chefe frustrado se esforçou até mesmo para deixar instruções específicas para a companhia cumprir durante a sua ausência de trinta dias. Entre elas havia esta: "Simplesmente diga um *bom dia*. Não é tão difícil assim."

Não era a economia que drenava suas forças. O líder não estava exausto por causa das horas de trabalho ou da concorrência do mercado. Era por causa da atmosfera tóxica do escritório. Ele trabalhava em uma madeireira. Muitos dos seus empregados interagiam com caminhoneiros no cais local. O mundo machista dos estivadores e dos capitães dos barcos tinha contaminado a cultura do respeito que ele buscou promover.

O chefe cumpriu a promessa. Ele só retornou ao local de trabalho depois de um mês. Quando voltou, a atmosfera estava diferente. Os empregados estavam aprendendo o significado da palavra *gentil*. O comportamento rude dos homens tinha se transformado em uma forma de interação mais agradável, com uma consideração maior. Seu ultimato surtiu o efeito desejado.[1]

Quem sabe precisemos dar um ultimato à sociedade. Quanta irritação percebemos entre as pessoas, seja nas estradas, seja entre os passageiros do avião, na conversa do celular, na boca do caixa, nas redes sociais, na beira do campo, no estacionamento, quando toca o alarme do carro, até nas pessoas que buzinam para pessoas que andam de bengala.

As redes sociais ampliaram a irritação a níveis nunca vistos, com os conflitos gerados por suas brincadeiras de mau gosto. Sentimo-nos seguros para postar na internet coisas que nunca diríamos em uma conversa face a face. A falta de educação chegou ao ponto de não termos dificuldade em entender o cartaz que vi em um laboratório médico: "Se você for mal-humorado, mal-educado, impaciente ou arrogante, haverá uma cobrança de dez dólares a mais por tolerarmos você".

Admito que a taxa pelo mau gosto causa certo impacto, mas talvez uma reação mais prática seja a que o apóstolo Paulo sugeriu: "Saúdem uns aos outros com beijo santo" (Romanos 16:16).

Paulo deu a mesma instrução para outras igrejas, como aos coríntios, e por duas vezes: "Saúdem-se uns aos outros com beijo santo" (1Coríntios 16:20) e "Saúdem uns aos outros com beijo santo" (2Coríntios 13:12), e depois para os tessalonicenses: "Saúdem todos os irmãos com beijo santo" (1Tessalonicenses 5:26).

Pedro também agitou a bandeira da simpatia: "Saúdem uns aos outros com beijo de santo amor" (1Pedro 5:14).

Temos a tendência de ignorar essas passagens. Essa exortação aos romanos é o exemplo típico. Paulo acaba de dedicar 15 capítulos a conduzir o leitor pela floresta amazônica da doutrina cristã, passando pela salvação pela fé e pela santificação, pela segurança da salvação, pela predestinação e pela eleição e, depois, no capítulo 16, ele adere à cruzada curiosa e inesperada em prol das saudações carinhosas. Em uma selva de samaumeiras e castanheiras, essa instrução parece uma simples goiabeira.

Qual é a importância disso? Por que devemos tomar cuidado para nos saudarmos uns aos outros?

Por uma questão de respeito. O respeito consiste em dar atenção à situação da outra pessoa. Ele percebe a presença de um novo garoto na sala e diz: "Oi". Dá uma parada no balcão da recepcionista e diz "Bom dia"; evita passar pela fila do caixa sem dar um caloroso "Boa tarde" para quem o atende, ou tira o fone de ouvido por um momento e saúda quem está sentado ao lado no transporte coletivo. Tira o boné para saudar o adversário ou tenta quebrar o gelo recebendo o visitante na igreja.

Criar o hábito de saudar uns aos outros não é tão difícil assim, mas causa um impacto bem grande.

O ministro britânico J. H. Jowett contou a história de um homem que tinha sido condenado em Darlington, na Inglaterra. Logo que saiu da prisão em que cumpriu pena por três anos, aconteceu de ele passar pelo prefeito na rua. Sem esperar por nada, exceto uma fria indiferença por parte das pessoas, ele ficou perplexo quando o prefeito parou, tirou o chapéu e disse com um tom animado: "Olá! Bom te ver por aqui! Tudo bem?".

O ex-prisioneiro resmungou qualquer coisa e seguiu seu caminho. A autoridade municipal só foi dar atenção a isso anos depois, quando os dois tiveram a chance de se encontrar em outra cidade. Apesar de o prefeito nem se lembrar mais desse homem, o homem trazia nitidamente na memória a pessoa do prefeito, e acabou dizendo: "Gostaria de lhe agradecer o que você fez por mim quando saí da prisão".

"O que foi que eu fiz?"

"O senhor foi muito gentil comigo, e isso mudou a minha vida!"[2]

Um pequeno gesto da sua parte pode ter um valor inestimável para outra pessoa.

A saudação, no sentido mais puro da palavra, é um gesto de boa vontade. Seja ela o beijo no rosto comum em algumas partes da Europa, ou a reverência típica da Ásia, ou mesmo os beijos e abraços tão frequentes na América Latina, ou o caloroso aperto de mão que é tão tradicional em nossa cultura ocidental, a saudação se constitui um gesto altruísta.

A primeira pessoa a se beneficiar com a saudação é quem a dá. Deviam criar um adesivo escrito "Quem dá abraços é mais feliz". Essa foi a conclusão dos pesquisadores da Universidade do Estado da Pensilvânia. Os estudantes foram divididos em dois grupos: os alunos que liam e os alunos que davam abraços. Os que davam abraços receberam a instrução de dar pelo menos cinco abraços por dia no prazo de quatro semanas, enquanto foi dito aos que liam que registrassem quantas horas por dia eles passavam lendo no mesmo mês. Como era de se esperar, os que abraçavam alcançaram um nível maior na escala de felicidade do que os que liam. (Por favor, não digam nada para o pessoal da biblioteca.) Abraçar fazia subir o nível de alegria dos participantes.[3] Um estudo parecido associava o abraço a uma incidência menor de doenças: quanto maior era a frequência com a qual as pessoas abraçavam, menores eram as chances de contraírem uma doença.[4]

Portanto, quem saúda as pessoas faz bem a si mesmo.

Além disso, quem saúda as pessoas faz bem aos outros. O indivíduo que não recebe saudação nenhuma nunca pensa: "Fui ignorado por amor". Muito pelo contrário, a insegurança geralmente é a filha infeliz do silêncio. (Todo aquele que passa despercebido sem que lhe dirijam a palavra numa festa experimenta esse sentimento de solidão.)

Há pouco tempo, eu, a Denalyn e outros dois casais fomos convidados para jantar na casa de um casal de amigos. Nossa amizade se estende por décadas. Fizemos muitas viagens, brincamos muito e participamos do crescimento de nossas famílias.

Enquanto jantávamos, o filho mais velho da família que nos convidou passou por lá. Ele está vivendo um momento difícil, lutando contra a depressão em meio às dificuldades de um divórcio. Quando entrou na sala, não nos levantamos para saudá-lo por causa da sua crise recente, mas por ser nosso amigo querido.

Conversamos e rimos das histórias que ele contou, inclusive a respeito das moças que acham engraçado um solteirão ter dois gatos. Foi um momento agradável e divertido, mas, pelo menos para mim, foi longe de ser algo marcante. Um pouco mais tarde, ele mandou a seguinte mensagem para sua mãe:

> Queria agradecer a você novamente por hoje à noite... Nunca me senti tão amado ao chegar em uma sala... Foi uma loucura... Me senti em uma atmosfera espiritual... Parecia que estava sendo recebido no céu!... Isso me impactou muito... De repente, me senti abraçado por todo esse amor incondicional, e isso me trouxe uma paz que nunca senti na minha vida. Acho que levarei essa lembrança comigo para sempre.

Não temos como saber, não é verdade? É impossível avaliar quando um gesto de gentileza cativa o coração de alguém. Quem sabe seja essa a razão de Paulo insistir que saudemos *a todas as pessoas*. Ele não disse para saudar as pessoas de quem gostamos, ou as que conhecemos, ou as que gostaríamos de conhecer, mas simplesmente que saudássemos uns aos outros.

Paulo foi o exemplo desse apelo à gentileza sem preconceitos. Nos 13 versículos anteriores, ele fez por escrito o gesto que amaria ter feito pessoalmente. Dirigiu-se em seu coração a cada uma das pessoas que mencionou e as saudou de uma maneira santa (Romanos 16:3-16). Ele saudou a 26 pessoas pelo nome e, em alguns casos, estendeu a saudação às suas famílias. Dessa lista faziam parte:

- Epêneto, seu primeiro convertido na Ásia;
- Maria, uma mulher que trabalhava muito;
- Amplias, Urbano, Hermes, Filólogo, Júlia, nomes típicos de escravos;[5]
- Aristóbulo, que muitos acreditam ter sido irmão de Agripa I e neto de Herodes, o Grande;[6]
- Narciso, secretário do imperador Cláudio;[7] e
- Rufo, que provavelmente era filho de Simão Cireneu, o homem que carregou a cruz para Jesus a caminho do Gólgota.[8]

Considere a abrangência das saudações de Paulo: de um homem para uma mulher, de um asiático para um romano, de um escravo para um aristocrata. Do primeiro convertido da Ásia até um herói do evangelho. Paulo não deixou ninguém de fora. Seu exemplo nos leva a fazer o mesmo. Não há lugar para saudações seletivas, nem para favoritismo. Todos saúdam a todos. Toda preferência faz com que as pessoas se sintam magoadas e descartadas. Podemos carregar um tanque de água, porém, não sabemos quem está com sede. É por esse motivo que somos chamados para oferecê-la a todos.

Por muitos anos, David Robinson foi membro da nossa congregação. Ele era, e ainda é, uma pessoa de destaque na cidade de San Antonio. Ele mede 2,16 m de altura e é musculoso e bonito. Na sua carreira na NBA, ganhou campeonatos, medalhas de ouro nas Olimpíadas e muitos prêmios de melhor jogador.

Ele não frequentava a igreja para chamar a atenção, mas, nos primeiros cultos a que veio em nosso templo, era exatamente isso que acontecia. Quando ele andava pelo corredor procurando um lugar para se sentar, todos viravam o rosto para olhar para ele, a ponto de eu quase interromper minhas palavras iniciais.

Quase no mesmo momento em que ele entrou na igreja, outro visitante que era morador de rua também passou pela porta. Era a imagem oposta de David: pequeno, sujo e aparentemente pobre. De onde eu estava, não tinha como deixar de observar o contraste. A congregação estava empolgada com a presença da estrela do basquete, mas, com exceção de uma pessoa, ninguém saudou o outro visitante.

Sempre agradecerei a Deus por essa exceção. Um diácono da nossa igreja, amoroso e atencioso, encarregou-se de sair de sua fileira para se sentar ao lado do andarilho. Passei a imaginar se o sem-teto trazia alguma mensagem, ou até mesmo se ele era um anjo disfarçado, enviado por Deus para avaliar nossa boa vontade de receber *todos* os filhos de Deus.

Não despreze o valor de uma saudação sincera. Uma das lições mais práticas do Nosso Mestre se encontra nestas palavras: "Quando baterem à porta de uma casa, sejam educados" (Mateus 10:12, A Mensagem). Dê um firme aperto de mão, olhe nos olhos das pessoas e seja sincero.

Em toda multidão você encontra dois tipos de pessoas: aquelas que chegam com a atitude que diz "Bom te ver!", e outras cuja atitude diz "Que bom que você me viu!". Não é difícil perceber a diferença entre elas. Mostre às pessoas seu interesse genuíno, e isso acaba voltando para você.

A cronologia eclesiástica do Condado de Sumter possui mais de cem verbetes trazendo os detalhes das transações, das mudanças e da história das igrejas da região. Sob a data de junho de 1965 encontra-

-se este relatório sem título: "anúncio da doação de 178 mil dólares para a Igreja Metodista de Andersonville efetuada por Robert B. Brown, morador de Nova Jersey, que ficou impressionado com a recepção da congregação durante sua visita anos atrás".[9]

A acolhida de uma congregação que tinha se passado *há muitos anos durante uma única visita* impressionou tanto o Sr. Brown, que ele enviou uma oferta de Nova Jersey para a Georgia.

Saúde os outros para seu próprio benefício. Desfrute da alegria de mostrar às pessoas que se importa com elas.

Acima de tudo, saúde uns aos outros para honrar a Jesus.

Pais, como vocês se sentem quando alguém dá atenção a seu filho? Quando o professor oferece alguma ajuda ou um adulto oferece alguma atenção especial, você não agradece a essa pessoa por amar seu filho? Jesus faz a mesma coisa. Ele ama as pessoas que amam seus filhos.

Na verdade, ele até mesmo chega a dizer: "Quando você ama meus filhos, você me ama". Lembre-se de suas palavras: "Era estrangeiro, e vocês me acolheram" (Mateus 25:35).

Se Jesus entrasse em um lugar, todos os olhos se voltariam para ele e todas as pessoas se levantariam. Ficaríamos na fila para ter a chance de segurar suas mãos e tocar seus pés. Ninguém perderia a oportunidade de receber nosso Salvador.

De acordo com ele, temos essa oportunidade todos os dias. Sabe o adolescente nervoso no fundo da sala? Quando você o cumprimenta, você saúda a Jesus. Quando você diz à mãe solteira que acaba de entrar para se sentir à vontade, você faz com que Jesus se sinta da mesma maneira. Quando você abre a porta do mercado para uma velha senhora, você está abrindo a porta para Cristo. "O que vocês fizeram a algum dos meus menores irmãos, a mim o fizeram" (Mateus 25:40).

Falando nisso, a maior saudação da história ainda não foi dada, e pode ter certeza de que essa saudação não será ouvida pelo telefone ou recebida em um e-mail. A maior saudação de todos os tempos lhe será dada por Jesus pessoalmente: "Muito bem, servo bom e fiel! Você foi fiel no pouco; eu o porei sobre o muito. Venha e participe da alegria do seu senhor!" (Mateus 25:23).

Capítulo 6

A postura poderosa

> Orem uns pelos outros.
> — Tiago 5:16

Abraão e Sara não aguardavam nenhuma visita, muito menos uma visita de Deus, mas ele resolveu aparecer em uma tarde sem ser convidado, muito menos anunciado, e ainda disfarçado em forma de homem. Os dois outros homens, anjos anônimos, estavam com ele. Não se sabe até que ponto Abraão percebeu que se encontrava na presença de Deus, mas deve ter sido bem no início da visita. O patriarca estendeu o tapete vermelho, mandou fazer pão e matar um bezerro, além de preparar e dar uma festa.

Abraão olhou para Sara. A pergunta, apesar de não ter surgido em seus lábios, estava estampada no rosto deles: Por que razão Deus veio nos visitar, e o que está planejando fazer? Depois da festa, o trio divino saiu do acampamento a caminho de Sodoma, onde morava Ló, seu sobrinho. Abraão os acompanhou por uma pequena distância para os encaminhar da melhor forma. Em dado momento, Deus parou e pensou consigo mesmo: "Esconderei de Abraão o que estou para fazer?" (Gênesis 18:17). Ele acabou optando por não fazer isso e disse-lhe que "as acusações contra Sodoma e Gomorra são tantas e o seu pecado é tão grave que descerei para ver se o que eles têm feito corresponde ao que tenho ouvido. Se não, eu saberei" (Gênesis 18:20-21).

Ele ficou parado como uma estátua de pedra, porque sabia o que Deus encontraria em Sodoma. Conhecia o mau cheiro das ruas e a maldade das pessoas, mas ainda acreditava que valia a pena salvar alguns. Ele tinha parentes na cidade, e quem sabe foi por isso que ele assumiu a seguinte atitude: "Abraão permaneceu diante do Senhor" (Gênesis 18:22).

Como uma árvore solitária no cerrado, nosso pai na fé possuía confiança suficiente em seu Pai para se colocar entre as pessoas que precisavam de compaixão e aquele que podia concedê-la, e falar em seu favor. "Abraão aproximou-se dele e disse: 'Exterminarás o justo com o ímpio? E se houver cinquenta justos na cidade? Ainda a destruirás e não pouparás o lugar por amor aos cinquenta justos que nele estão?' (Gênesis 18:23-24).

Seu gesto foi corajoso. Sua aparência era a de um pastor beduíno com o cabelo que dava nos ombros; a barba em desalinho chegava ao peito e era encurvada pelo vento; havia um ou dois dentes faltando. Ainda assim, ele permaneceu no posto.

Ele agiu como você naquele dia no tribunal, ou naquela noite na sala de emergência, ou mesmo naquela vez em que seu amigo lhe confiou um segredo. Ele admitiu: "Troquei os pés pelas mãos", e você agiu exatamente como Abraão. Colocou-se entre aquele que precisava de ajuda e aquele que podia concedê-la.

Você fez uma oração.

Orou por soldados, por senadores, por filhos afastados, por pregadores e por pregadores afastados. Você colocou uma moeda na xícara do mendigo. Fez cafuné no seu filho enquanto orava, ou mesmo fez uma oração quando leu sobre alguma guerra, divórcio ou escândalo no jornal: *Deus, tenha misericórdia!*

Você agiu do mesmo modo que Abraão. Permaneceu no mesmo lugar que ele, entre Deus e as pessoas, e se perguntou: *Será que Deus está me ouvindo?*

A história de Abraão nos traz um fio de esperança.

Ele foi ousado com Deus. Pediu que Deus poupasse alguns cidadãos de Sodoma e Gomorra, dizendo: "Longe de ti fazer tal coisa: matar o justo com o ímpio, tratando o justo e o ímpio da mesma maneira. Longe de ti! Não agirá com justiça o Juiz de toda a terra?" (Gênesis 18:25).

Até aquele momento da história, ninguém tinha reunido tamanha ousadia para pedir que Deus reconsiderasse seus planos. Adão e Eva não tiveram essa audácia. Caim reclamou, mas não negociou. Matusalém conseguiu ter um bolo de aniversário com 969 velinhas, mas, até onde sabemos, nunca pediu a Deus para voltar à prancheta, nem mesmo Noé. O construtor da arca ficou em silêncio, mas Abraão abriu a boca. Na tenda vizinha podemos ouvir Sara engolindo em seco e sussurrando consigo mesma: "Binho, fica quieto, senão ele acaba com a nossa raça!". Ela se encolhe no canto da tenda. *Que venham os trovões!*

Entretanto, Deus não fulminou Abraão. Ele o escutou.

Deus disse: "Se houver cinquenta justos, eu pouparei a cidade".

Abraão se afastou, pensou um pouco, e voltou dizendo: "Pode ser quarenta e cinco?"

Sorrindo, Deus respondeu: "Está bem, quarenta e cinco!".

Abraão lhe deu as costas e depois fez contas com os dedos: "Que o Senhor acha de quarenta?".

Deus: "Quarenta está bom".

As idas e vindas prosseguiram até que finalmente concordaram com um número: dez homens justos. Abraão foi para um lado, Deus para o outro, e ficamos refletindo sobre esse pensamento incrível: Deus não se alterou, mas deu atenção. Não foi evasivo; abriu o diálogo. Embora Sodoma e Gomorra tenham sido destruídas, o sobrinho de Abraão escapou.

Tudo isso aconteceu porque Abraão permaneceu diante do Senhor.

Ele simplesmente fez o que a Bíblia insiste que façamos: "Orem uns pelos outros para serem curados" (Tiago 5:16).

Quem sabe alguém que você conhece esteja passando por uma fase difícil, ou o seu vizinho tenha entrado em depressão. Talvez seu irmão esteja perdido, ou o seu filho esteja passando por um desafio desgastante. Possivelmente você não sabe o que dizer, nem tem como ajudar, mas tem algo à sua disposição: a oração. Segundo essas promessas, sua oração leva à resposta de Deus na vida daqueles que você ama:

> Portanto, confessem seus pecados uns aos outros e orem uns pelos outros para serem curados. A oração de um justo tem grande poder e produz grandes resultados. (Tiago 5:16, NVT)

> Aproximem-se de Deus, e ele se aproximará de vocês! (Tiago 4:8)

> O Senhor está perto de todos os que o invocam, de todos os que o invocam com sinceridade. (Salmos 145:18)

Quando oramos uns pelos outros, entramos na oficina de Deus, pegamos um martelo e o ajudamos a alcançar seus propósitos.

Meu pai convidou meu irmão para fazer algo assim. A ideia nasceu na mesa da cozinha. Meu irmão tinha nove anos, eu tinha seis e meu pai tinha... idade suficiente para saber do seguinte: quando alguém quer construir uma casa, deve começar com uma série de planos. Portanto, com lápis e bloco de notas em mãos, ele foi à luta e desenhou a casa dos sonhos.

Meu pai sempre gostou muito de construção. Já havia construído duas casas, inclusive aquela em que morávamos. Porém, ele tinha sonhos maiores: de ter três quartos em vez de dois, uma casa de alvenaria em vez de uma de madeira, espaço para estacionar dois carros em vez de um, uma oficina no quintal, uma cesta de basquete na entrada e, acima de tudo, uma lareira.

Enquanto ele preparava esses planos, andamos na ponta dos pés e o espionamos pelas costas. Provocamos o velho com sugestões. Que tal uma janela grande na sala ou um balanço na cozinha?

Ele perguntava: "Meninos, vocês querem me ajudar?"

Será que o papa é católico, ou que o macaco quer banana? Era óbvio que queríamos ajudar, tanto que eu e meu irmão íamos de bicicleta para o projeto de construção na rua Alamosa todo dia depois da escola. Não podia me conter de entusiasmo! Diante disso, a escola parecia muito "primária". Não dava para perder tempo com matemática, nem aprendendo a escrever. Eu precisava colocar azulejos na cozinha e catar os pregos que caíam. Já não era mais um aluno do Ensino Fundamental: passei a ser sócio do papai.

Nosso Pai Celestial também nos convidou para sermos seus sócios.

Será que temos a coragem de aceitar esse convite? Nossa oração abre os celeiros dos céus. É a linha direta entre a bondade de Deus e os seus amigos. Quando você ora, quando você intercede por aqueles que precisam de ajuda diante daquele que a pode conceder, algo maravilhoso acontece!

Leve em conta como uma prova emocionante disso o caso do centurião e do seu servo. O soldado pediu a Jesus para que curasse esse homem. Quando Jesus perguntou se deveria ir à sua casa, o oficial o deteve: "Dize apenas uma palavra, e o meu servo será curado" (Mateus 8:8).

Jesus ficou tão impressionado com a fé do soldado que atendeu ao seu pedido imediatamente. Ele não perguntou sobre a fé do escravo, nem pediu ao homem que confessasse seus pecados ou rogasse a ajuda do Messias. Jesus curou o servo porque o centurião agiu do mesmo modo que Abraão: colocou-se entre o necessitado e aquele que podia suprir essa necessidade.

É assim que devemos fazer.

Temos a oportunidade de fazer orações sinceras por todas as pessoas que vemos. Podemos orar pela pessoa que nos atende no mercado, pela enfermeira no consultório médico, pela equipe de manutenção do edifício comercial. Falando nisso, sempre fico admirado com a receptividade das pessoas quando falo que desejo orar por elas e pergunto se precisam de alguma coisa.

Não é de admirar que sejamos abençoados quando buscamos abençoar as pessoas por meio da oração. O doutor Harold G. Koenig da Universidade Duke concluiu, com base em uma análise profunda de mais de 15 mil estudos médicos conceituados, que "as pessoas que são mais religiosas e que fazem mais orações têm uma saúde mental e física melhor". Ele ainda disse que as pessoas espirituais que buscam a ajuda de Deus "lidam melhor com o estresse e desfrutam de uma qualidade de vida melhor por sentir mais esperança; são mais otimistas, costumam ter uma ocorrência menor de depressão e ansiedade e recorrem com menos frequência ao suicídio".[1]

O gesto de orar pelas outras pessoas causa um efeito bumerangue. Permite que deixemos o fardo que carregamos nos ombros de Deus. Ele nos convida a lançar todas as nossas preocupações sobre ele (1Pedro 5:7). Fardos impossíveis de carregar passam a ser suportáveis pelo simples fato de orarmos por eles. Não tenha medo dos políticos, mas ore por eles. Não se chateie com a situação da igreja. Pelo contrário, ore por ela. Não deixe as dificuldades da vida drenarem sua energia. Entregue-as nas mãos de Deus antes que elas afetem você.

A POSTURA PODEROSA

Em vez de se preocupar com o futuro da sua família, ore por todos que fazem parte dela. Em vez de pensar que não pode fazer nada para ajudar as pessoas, assuma a postura da oração.

Às 4h30 da manhã do dia 10 de novembro de 2008, o cérebro de Eben Alexander começou a apresentar problemas. Ele passou a ter dores por todo o corpo, mas não fez tanto caso disso, por achar que se tratava de um vírus que estava combatendo por vários dias. Dentro de poucas horas, percebeu que era algo mais grave. Ele estava com fortes dores e praticamente paralisado. Por volta das 9h30, seu corpo estava todo tenso, com espasmos regulares. Seus olhos viraram, e ele entrou em coma.

Esse diagnóstico surpreendente e grave consistia em uma forma rara de meningite bacteriana induzida pela *Escherichia coli*. Não havia como explicar a origem. Ninguém arriscava esperar que ele sobrevivesse. Menos de um a cada dez milhões de adultos a contraem por ano. Desses, mais de 90% morrem.

Ironicamente, o homem que tinha problemas no cérebro era um cirurgião cerebral. O currículo do Dr. Alexander impressiona até o especialista mais tarimbado, incluindo a Escola de Medicina da Universidade Duke, residência no Hospital Geral de Massachusetts e em Harvard com bolsa em Neurocirurgia Vascular Cerebral, além de 15 anos na Escola Médica de Harvard, tendo realizado inúmeras cirurgias do cérebro. Escreveu também mais de 150 capítulos e artigos de literatura médica e apresentou palestras em duzentas conferências médicas ao redor do mundo.

Outro aspecto irônico é que o dr. Alexander não era uma pessoa ligada à espiritualidade. Seria o primeiro a dizer que é uma pessoa realista, pois usava os métodos da Medicina moderna para curar pessoas. Por isso, o que ele viu durante seu estado de coma o surpreendeu ainda mais. "Depois de ouvir um som extremamente agudo, passei imediatamente por uma fresta e me deparei com um mundo totalmente novo". Nesse lugar, "seres brilhantes vagavam pelo céu". Ele ouviu "um som, sublime e retumbante como um cântico glorioso". Ele descreve "uma explosão de luz, cor, amor e beleza que passava por ele como uma onda imensa quebrando... Parecia não haver distância entre mim e Deus".

O que estava acontecendo? Havia muita oração envolvida. O médico podia não ser um homem espiritual, mas seus amigos e a sua família eram. Começaram a se reunir no Hospital Geral de Lynchburg. Eles sabiam orar de modo individual e coletivo. Com o passar dos dias, punham-se a imaginar se suas orações surtiam algum efeito. Na quinta-feira, quando ele já estava em coma há três dias, chamaram o pastor da igreja e teve início uma nova sequência de orações. Esses chamaram a igreja toda, e houve mais uma rodada de orações, e a situação começou a mudar por causa delas.

Eben escreveu: "Eu me desloquei por grandes muralhas de nuvens. Havia murmúrios à minha volta, mas não consegui decifrar as palavras. Foi então que percebi inúmeros seres me rodeando, ajoelhando-se em arcos que se perdiam na distância. Fazendo uma retrospectiva disso agora, compreendo o que esses seres estavam fazendo. Eles estavam orando por mim".[2]

Ele despertou do coma no domingo de manhã. As orações trouxeram o médico de volta à terra.

Por acaso existe algum Eben em sua vida? Seu mundo está passando por alguma crise? Você foi chamado a levar esperança onde ela não existe? O seu único recurso disponível é a oração? Tudo bem, você não precisa de mais nada.

Afinal, nada traz tanta alegria quanto o ministério de intercessão. Experimente fazer parte dele. Da próxima vez que passar por um aeroporto lotado, eleve seu coração ao céu e faça uma oração semelhante a esta: *Senhor, abençoa aquele homem de terno cinza. Ele parece estar muito cansado. Dê forças para aquela mãe e para seu bebê. Tenha misericórdia daqueles militares.* Quando você menos imaginar, uma caminhada monótona se transformará em uma marcha importante de fé.

Você sentirá a mesma energia que eu e o meu irmão sentimos ao ajudar meu pai na construção da casa! Seu pai o ouvirá. Afinal de contas...

Você é filho de Deus! "Vejam como é grande o amor que o Pai nos concedeu: que fôssemos chamados filhos de Deus!" (1João 3:1). Você faz parte da sua família. Você não se aproxima dele como um estranho, mas como herdeiro da promessa. Você se achega ao trono de Deus não como intruso, mas como um filho chegando ao lugar que o Espírito Santo habita. Você pertence a ele!

Você é embaixador de Deus! "Portanto, somos embaixadores de Cristo, como se Deus estivesse fazendo o seu apelo por nosso intermédio. Por amor a Cristo lhes suplicamos: Reconciliem-se com Deus" (2Coríntios 5:20). O embaixador representa o rei. Fala com a autoridade do trono. Leva o selo da aprovação daquele que o envia. Se o embaixador faz algum pedido ao rei, será que ele ouvirá? Se nós, como embaixadores nesse mundo, chegamos à presença do Rei com um pedido, será que ele ouvirá? Com certeza!

Você faz parte do sacerdócio. Pedro disse: "Vocês, porém, são geração eleita, sacerdócio real, nação santa, povo exclusivo de Deus" (1Pedro 2:9). Embora Deus não precise da nossa ajuda, ele nos convida a colaborar com ele. Meu pai não precisava de ajuda para construir a casa, mas, mesmo assim, o meu trabalho e o do meu irmão foram muito bem-vindos. Sabe por quê? Só existe uma resposta: porque ele nos amava. Ele queria transmitir a seus filhos suas habilidades e valores.

Deus está fazendo a mesma coisa em nossos dias! O próprio Cristo ora (Hebreus 7:25) e nos convida a orar com ele. "Vocês também estão sendo utilizados como pedras vivas na edificação de uma casa espiritual para serem sacerdócio santo, oferecendo sacrifícios espirituais aceitáveis a Deus, por meio de Jesus Cristo" (1Pedro 2:5). A tarefa do sacerdote do Antigo Testamento era interceder por seu povo diante de Deus. Por isso, ao intercedermos, assumimos a função de sacerdotes, permanecendo na brecha entre Deus e as pessoas que vivem neste mundo.

Na verdade, Cristo fez você "assentar com ele nos lugares celestiais" (Efésios 2:6). Você fala a favor da sua família, do seu bairro, do seu time de futebol. Sua esfera de influência é o lugar onde você mora. Quanto mais sua fé cresce, maior será o seu campo de ação. Deus passa a colocar os órfãos, as terras distantes ou as pessoas necessitadas no seu coração. Procure atender a essas sugestões orando.

Seja um Abraão em seu beco sem saída, ou o centurião em seu local de trabalho. Interceda diante de Deus em favor deles.

Por que razão ele diria para que orássemos "Venha o teu reino" (Mateus 6:10) se não tivéssemos participação alguma em sua chegada? Deus não rejeitará você! Sua oração persistente abrirá a porta de Deus para seus amigos.

Meus amigos Dan e Nancy Pratt contam um testemunho de oração respondida que é bom passar adiante. Eles celebraram seu quadragésimo aniversário de casamento com uma viagem que tinham planejado desde quando se casaram: passando as férias no Havaí. No entanto, alguns momentos de preocupação que anteciparam a saída deles quase frustraram seus planos.

Dan e Nancy têm um filho de 31 anos chamado Bill, que é um deficiente intelectual não alfabetizado. Ele é ótimo para levar as coisas do mercadinho do bairro para casa sem permissão. Ele saúda a todas as pessoas que vê com um sonoro "Olá!".

Todos conhecem o Bill.

Entretanto, Bill se perde facilmente. Seu pai diz que, quando Bill foge à rotina normal, ele é doutor em escapulir. O plano era levar Bill de avião de San Antonio para Atlanta para passar a semana com o irmão.

O fato é que papai e mamãe ficaram muito preocupados. Combinaram tudo detalhadamente com Bill a respeito da viagem toda vez que o acordavam ou faziam as caminhadas diárias com ele, em todas as refeições e sempre que o levavam para dormir. O rapaz parecia entender tudo, mas, mesmo assim, eles não conseguiam ficar tranquilos.

Por isso, Dan e Nancy, em vez de se preocuparem, começaram a orar. Convocaram os amigos e a família para orarem para que Deus protegesse o Bill por todo o caminho. Perseveraram nisso até o momento de ir ao aeroporto.

Dan conseguiu uma permissão especial para levar o filho até o portão. Ele estava nervoso, por isso eles deram várias voltas no saguão para gastar energia. Nancy telefonou duas vezes, e o irmão de Atlanta também ligou. Toda a família estava com os nervos à flor da pele.

Por fim, dez minutos antes do embarque, Dan levou Bill para o portão. No momento em que ele lhe passou o bilhete de embarque, duas mulheres gritaram: "Ei, Bill!". Elas conheciam o Bill por sempre o ver no mercado e estavam embarcando no mesmo voo. Logo depois do grito das mulheres, um homem também gritou: "Ei, Bill! Quem vai me ajudar a levar a carne que eu comprei?". Ele também estava indo para Atlanta. Nos dez minutos seguintes, outras seis pessoas reconheceram Bill e o saudaram à sua maneira. Assim, no momento do embarque, a contagem chegou a nove amigos no avião para observá-lo, e um deles se ofereceu para acompanhá-lo até encontrar seu irmão.

Quando Dan contou à Nancy o que tinha acontecido, sua voz embargou com tanta emoção. Ela lembrou do consolo do seu amigo: "Não tenha medo, Nancy. Sempre aparece alguém que conhece o Bill e que acaba cuidando dele".[3]

Poderia acontecer de surgir uma pessoa, mas ninguém esperava que aparecessem nove. Deus atende à oração da família e dos amigos, e ele também atenderá a sua, meu amigo.

Podemos realizar muitas coisas depois de orar, mas não dá para fazer nada sem oração. Devemos orar antes de fazer a obra de Deus, antes de ensinar ou antes de aconselhar. Nosso chamado é para sermos um Abraão em prol das pessoas do nosso mundo. Permaneça entre elas e Deus e comece a falar. Pode ter certeza de que ele ouvirá você.

Capítulo 7

Hora de servir!

> Sirvam uns aos outros mediante o amor.
> — Gálatas 5:15

A minha lembrança dele é a de um homem musculoso, corpulento como um bloco de concreto. De corte militar no cabelo, gravata, camisa branca de manga curta, sempre com um protetor de bolso. Eu era um dos garotos do quarto ano do primário que frequentavam o seu estudo bíblico às quartas-feiras na Igreja de Cristo de Parkview em Odessa, Texas. Havia pelo menos umas doze carteiras na sala. Não me lembro do nome desse professor, nem me recordo de qualquer outro detalhe sobre sua vida. Será que ele era carteiro ou encanador? Não faço a mínima ideia.

Entretanto, o que eu me lembro com riqueza de detalhes é da noite de 10 de fevereiro de 1965. Ele tentou ensinar o que significa o capítulo 7 de Romanos ao seu punhado de garotos de dez anos. Essa é a parte na qual o apóstolo Paulo confessava a guerra civil que explodia em seu coração. Um tema bem pesado para um bando de garotos. Quando ele falou de conflito de consciência, eu até anotei.

Não dei nenhum sinal de que essa aula tinha me impactado. Não fiz pergunta nenhuma, nem o agradeci por suas palavras. Imagino que ele foi para casa com pouca ou nenhuma ideia do impacto dessa aula. Se a esposa dele tivesse perguntado: "Como foi a aula?", acho que ele daria de ombros e diria: "Sei lá! Esses garotos são muito quietos!". O que ele não sabia era que o ruivinho e sardento da segunda fileira estava ouvindo.

Naquela noite, eu entrei no quarto do meu pai e perguntei sobre o céu. Ele se sentou na ponta da cama e pediu que eu me sentasse ao lado dele. Ele me contou sobre a graça de Deus. Eu pedi a Jesus que me perdoasse, e no domingo seguinte me batizei. Esse foi o início de uma nova vida.

Por todos esses anos, de vez em quando eu penso nesse professor. Ele não era pastor, não era dinâmico, atrapalhava-se quando falava. Não possuía título, nem diploma do seminário, nem lugar reservado no estacionamento. Nunca encheu estádio algum. Até onde sei, ele nunca plantou uma igreja. Não era especialista em crescimento de igrejas nem em como resolver o problema da fome na humanidade. Nem ouvi falar se em seu testamento ele faz alguma doação para alguma entidade sem fins lucrativos, mas o ensino dele deu um novo rumo ao meu caminho.

Nunca mais vi seu rosto, mas já encontrei milhares de pessoas parecidas com ele. São os servos silenciosos, o elenco de apoio do reino de Deus procurando fazer a coisa certa. Eles nos visitam, abrem portas, preparam jantares e visitam os doentes. Raramente são vistos diante de um auditório. Esse é o último lugar em que a maioria deles quer estar. Eles não ficam atrás do púlpito; eles fazem tudo o que podem para que a igreja tenha um púlpito. Não usam microfone, mas garantem que ele esteja ligado.

Eles são exemplos desse versículo: "Irmãos, vocês foram chamados para a liberdade. Mas não usem a liberdade para dar ocasião à vontade da carne; pelo contrário, sirvam uns aos outros mediante o amor" (Gálatas 5:13). Essas palavras se encontram bem perto do final de um documento sobre a liberdade. Por cinco capítulos, o apóstolo Paulo proclamou: "Vocês estão livres! Livres do pecado, da culpa, das regras e dos regulamentos. Lançaram fora o jugo da escravidão, e a libertação começou".

No entanto, nossa liberdade não é desculpa para que façamos o que quisermos. A liberdade nos dá a possibilidade de servir. Assumimos voluntariamente um compromisso com os outros. Em uma sociedade que busca ser servida, buscamos oportunidades para servir às pessoas.

André era esse tipo de servo. Ele era irmão de Pedro, e veio da mesma cidade de Tiago e João. No entanto, quando estudamos o círculo íntimo de Pedro, Tiago e João, não se menciona o nome de André. Seu nome nunca aparece no topo da lista de líderes. Ele vivia na sombra dos outros. Na foto do grupo, ele ficava de lado com as mãos no bolso — isso se não era ele quem estava segurando a câmera.

O fato de que ele era quieto não queria dizer que ele era acomodado. Só porque André evitava ser o centro das atenções, não significava que ele tinha menos fervor. Ele levou seu irmão Pedro para Jesus, e Pedro foi progredindo até pregar seu primeiro sermão, liderar a igreja em Jerusalém, levar o evangelho aos gentios, escrever epístolas que ainda lemos, e até mesmo defender o apóstolo Paulo. Todo aquele que lê as cartas de Paulo possui uma dívida de gratidão a Pedro, e todo aquele que se beneficiou da fé sólida de Pedro deve muito ao espírito voluntário de André.

Além do mais, foi o espírito voluntário de Maria que levou Deus a escolhê-la para ser a mãe de Jesus. Ela não era uma estudiosa ou uma socialite sofisticada. Ela era simples, modesta, uma camponesa que sumia na multidão. Vinha de Nazaré, uma vila empoeirada de um distrito oprimido da Galileia.

Maria fazia parte da classe mais humilde da sociedade de sua época. Por ser judia, sujeitava-se aos romanos. Por ser mulher, sujeitava-se aos homens. Como era bem jovem, sujeitava-se às mulheres mais velhas. Era pobre, portanto, estava longe de ser da classe alta.

Maria era extraordinariamente comum, mas essa foi exatamente a virtude que a destacou: "Sou serva do Senhor; que aconteça comigo conforme a tua palavra" (Lucas 1:38).

Quando Deus quer trazer Cristo ao mundo, ele procura por servos. Ele não exige diploma, nem sangue azul, nem conta gorda no banco. Não importa onde você nasceu. Que todas as pessoas modestas do mundo se lembrem disso: Deus pode usar você!

No entanto, que todas as pessoas orgulhosas do mundo recebam a seguinte advertência: Deus corrigirá você!

A Bíblia usa uma só palavra para identificar a tendência arrogante que causa a exaltação pessoal: o pecado. Ele nos faz ter o rei na barriga. Descreve a doença que me deu vontade de fazer a maior cena no estacionamento do shopping. A mulher entrou justo na minha vaga! Bem na vaga que eu precisava, que eu queria, que eu passei o maior tempo esperando. (Olha que eu estava com a seta ligada!) Eu merecia essa vaga porque estava com pressa, porque sou uma pessoa muito importante e não tenho tempo a perder no shopping. Afinal de contas, sou um homem de Deus e estávamos a uma semana do Natal.

O fim de ano é uma época muito agitada para um pastor, e a vaga no estacionamento surgiu bem na hora, prova mais que suficiente da graça de Deus sobre a minha vida. Como aquela mulher teve a coragem de tirar a minha bênção? Mas foi isso que aconteceu. Pensei em dizer mil coisas para ela. Que bom que não abri minha boca porque, quando me viu passar de carro, ela disse: "Oi, pastor Max! Até domingo!".

Multiplique a arrogância que me atacou no estacionamento por sete bilhões de seres humanos que fazem parte do mesmo planeta. Então multiplique novamente pelas dezenas de vezes que ela ataca a cada um de nós todos os dias. Não é à toa que o nosso mundo está um caos!

Com certeza, a presunção atacou a mãe de Tiago e João.

> Então, aproximou-se de Jesus a mãe dos filhos de Zebedeu com seus filhos e, prostrando-se, fez-lhe um pedido. "O que você quer?", perguntou ele. Ela respondeu: "Declara que no teu Reino estes meus dois filhos se assentarão um à tua direita e o outro à tua esquerda".

Às vezes, ficamos imaginando se os discípulos escutaram o que Jesus disse. Pouco antes, lemos como ele lhes disse para imitar a atitude das crianças (Mateus 19:13-15). Ele disse ao jovem rico para deixar de confiar em si mesmo e começar a confiar em Deus (Mateus 19:16-21). Ele declarou: "os últimos serão primeiros, e os primeiros serão últimos" (Mateus 20:16). Além disso, ele previu pela terceira vez sua própria morte, sepultamento e ressurreição (Mateus 20:17-19).

Entretanto, será que algum dos seguidores de Jesus o pediu para explicar o sentido da humildade, ou alguém o consolou? Ninguém fez isso. A única reação veio da mãe de Tiago e João pedindo cargos no gabinete para seus filhos no novo reino.

Já não bastava para ela que seus filhos testemunhassem os milagres de Cristo, nem era suficiente para eles terem sido escolhidos como apóstolos, ou serem escolhidos como membros do seu círculo pessoal e estarem presentes no Monte da Transfiguração. Eles queriam que seus rostos fossem esculpidos na pedra do Monte Rushmore junto com o de Jesus, um à sua direita e outro à sua esquerda.

Jesus rapidamente corrigiu o desejo dela.

> Não será assim entre vocês. Pelo contrário, quem quiser tornar-se importante entre vocês deverá ser servo, e quem quiser ser o primeiro deverá ser escravo; como o Filho do Homem, que não veio para ser servido, mas para servir e dar a sua vida em resgate por muitos. (Mateus 20:26-28)

Jesus veio servir.

Em uma de suas aparições para seus seguidores, eles estavam no Mar da Galileia quando o ouviram chamar da beira da praia. Quando ele lhes disse onde encontrariam peixe, perceberam que era Jesus. Pedro mergulhou na água e nadou para a praia. Os outros discípulos lançaram mão dos remos e se puseram a remar. Quando chegaram à praia, presenciaram a visão mais extraordinária. Jesus estava cozinhando! Ele lhes disse: "Venham comer" (João 21:12).

Não era para ser ao contrário? Jesus tinha acabado de romper os portões do inferno e saquear o diabo. Fez um depósito de graça que compensa para sempre nossa dívida do pecado. Condenou os demônios para o corredor da morte e libertou todos os pecadores desde Adão. Não dá para acreditar que ele, o comandante inigualável do universo, tenha colocado o avental.

O mais inacreditável é que ele ainda o está usando. Ele promete uma festa no céu, na qual "ele se vestirá para servir, fará que se reclinem à mesa, e virá servi-los" (Lucas 12:37).

Dá para imaginar a cena? Fileiras e fileiras de mesas repletas de comida. Os remidos de todas as épocas festejando e cantando, e alguém pergunta: "Alguém viu Jesus?".

Outra pessoa responde afirmativamente: "Ele está do outro lado da sala do banquete servindo chá gelado".

> Em tudo Cristo era como Deus.
> Mas não achou que o fato de ser igual a Deus devia ser usado para o seu próprio benefício.

HORA DE SERVIR!

> Antes renunciou a seu lugar com Deus e se anulou.
> Nasceu como homem e se fez como um servo.
> (Filipenses 2:6-7, NCV, tradução livre)

Ele se contentou com o título mais humilde: ser chamado de servo.

Imagine que você assumiu esse papel de ser o membro da família que se oferece para lavar a louça depois do jantar, o colega que serve à equipe chegando na hora para todas as reuniões e prestando atenção, o membro da igreja que apoia o pastor com oração e palavras de incentivo, o vizinho que corta a grama para o casal de idosos.

Será que você consegue imaginar os benefícios dessas decisões que trazem alegria?

Claro que consegue! Você já teve essa sensação. Quando você levou uma torta para o colega doente ou cantou uma música para uma criança enferma, eles não receberam incentivo com isso? Você já teve lampejos de altruísmo suficientes para saber que o modo mais fácil de fazer um sorriso brotar no seu rosto é fazer outra pessoa sorrir primeiro.

Confira as diferenças entre o Gui e o Zé. Gui espera que todos o sirvam. Na hora em que acorda, ele pensa: *Será que alguma viva alma vai me trazer café?* Sai de casa pensando: *Acho bom que o trânsito esteja livre!* Se a moça da loja de conveniência demora a atender, o Gui fica bravo. Se o recepcionista do estacionamento esquece o nome do Gui, ele murmura. Se os empregados no trabalho levam mais tempo que Gui deseja lhes dar, ele não esconde sua insatisfação.

Gui espera demais do mundo. Ele espera ser servido, que as pessoas executem seus planos, supram suas necessidades e o recompensem. Por causa disso, seus momentos de felicidade são raros. O serviço é muito lento, o tempo para ir e voltar do trabalho é muito longo e os empregados demoram a se lembrar do seu nome.

Que trapo de homem é esse Gui!

Por outro lado, o ponto alto do dia do Zé é encontrar quem ele possa ajudar. Já que sempre existem pessoas que precisam de ajuda, ele sempre é extremamente bem-sucedido. Ele serve sua esposa levando café na cama para ela de manhã. O Zé presenteia a moça da loja de conveniência com um sorriso. Ele serve o recepcionista do estacionamento com uma palavra de incentivo, além de manter uma atitude positiva no trabalho.

O mau tempo ou o trânsito que dá nos nervos não se tornam um problema. O mundo não existe para cuidar dele. Pelo contrário, ele existe para cuidar das pessoas. As circunstâncias não o afetam. O Zé vai se deitar com um sorriso no rosto.

O Gui vive de cara feia e faz as pessoas darem de ombros.

Zé é feliz e faz as pessoas sorrirem.

Qual desses dois é você? O Gui ou o Zé? Ou um pouco dos dois, uma espécie de Zé-Gui?

Talvez esteja na hora de olhar a vida de um modo diferente. Se a sua vida depender do quanto as pessoas o servem, sua decepção será constante. Quando você fica feliz em servir as pessoas... (Bem, acho que você consegue completar essa frase.)

Os estudos são claros. Os atos de bondade fazem bem para as pessoas que os praticam. Uma pesquisa de 2010 com mais de 450 adultos norte-americanos revelou que, dentre as pessoas que prestaram serviço voluntário acima de média de cem horas por ano, 68% declararam ter uma saúde física melhor, 73% disseram que o voluntariado baixou seu nível de estresse e 89% afirmaram que o serviço melhorou a sensação de bem-estar.[1] Concluímos, então, que nossa alegria aumenta quando a proporcionamos às pessoas.

Em outra pesquisa, o psicólogo Bernard Rimland pediu aos participantes que relacionassem dez conhecidos e os caracterizassem como felizes ou infelizes. Em seguida, pediu que lessem de novo essa lista e classificassem cada pessoa como egoístas ou altruístas. Suas descobertas o fizeram chegar a uma conclusão que espelha o tema deste livro: "todos que foram classificados como felizes também foram considerados altruístas".² Seu interesse maior deve ser o de dar atenção às necessidades do próximo. A única maneira de sorrir é fazer alguém sorrir primeiro.

Muito antes de qualquer equipe de pesquisa ter ponderado sobre os benefícios do serviço, Deus já prometia:

> Se com renúncia própria você beneficiar os famintos
> e satisfizer o anseio dos aflitos,
> então a sua luz despontará nas trevas,
> e a *sua noite será como o meio-dia*.
> O Senhor o guiará constantemente;
> satisfará os seus desejos numa terra ressequida pelo sol
> e fortalecerá os seus ossos.
> Você será como um jardim bem regado,
> como uma fonte cujas águas nunca faltam.
> (Isaías 58:10-11, destaque nosso)

O que aconteceria se todos assumissem o papel de servo? Quantos casamentos seriam abençoados? Se os políticos decidissem servir seu povo mais do que a si mesmos, será que beneficiariam seu país? Se as igrejas estivessem repletas de servos sinceros, quantos garotos de dez anos receberiam o convite que transforma toda uma vida?

Trago na parede do corredor da minha memória o retrato de duas pessoas – um homem e uma mulher nos seus setenta anos de vida.

O homem está deitado em um leito hospitalar, mas o leito fica em uma sala de estar, não em um quarto de hospital.

Seu corpo, para todos os efeitos práticos, não serve para muita coisa. Seus músculos foram tão afetados pela esclerose lateral amiotrófica

(ELA), que estão esticados de um osso para o outro como um tecido esticado por sobre os raios de um guarda-chuva.

Ele respira por meio de um tubo conectado a uma abertura na base da garganta e, mesmo com seu corpo imóvel, seus olhos procuram por alguém. Eles percorrem a sala em busca de sua companheira, a mulher cuja idade se esconde por trás do seu vigor jovial. Ela tem os cabelos grisalhos, mas, ao contrário da pessoa que está sobre o leito, é forte e saudável. Com uma lealdade incansável, ela age da mesma forma que tem agido durante os últimos dois anos. Não se trata de uma tarefa fácil. Ela tem que fazer sua barba, dar banho, alimentá-lo, pentear seu cabelo e escovar seus dentes.

Ela segura sua mão enquanto sentam e assistem televisão juntos. Ela se levanta no meio da noite para aspirar seus pulmões. Encurva-se e beija seu rosto febril. Ela o serve e dá continuidade à linhagem de Andrew e Mary.

Quando meu pai deu seu último suspiro, os dois já tinham completado mais de quarenta anos de casados.

No dia do enterro dele, agradeci minha mãe por exemplificar, com seu serviço silencioso, o espírito de Cristo.

Capítulo 8

Zonas de desconforto

Aceitem-se uns aos outros, da mesma forma como Cristo os aceitou.
— Romanos 15:7

*E*ra uma vez, em uma terra não muito distante, um bairro limpo e bem cuidado. Seus moradores mantinham as ruas bem limpas, a grama bem cortada e um alto padrão de qualidade de vida. Cada lar tinha dois filhos, dois pais, um gato ou um cachorro e um peixe-dourado. Levavam o cachorro para passear, acenavam para o carteiro e desligavam as luzes por volta das dez horas. Estavam contentes com a vida pacata que tinham, mas, em dado momento, toda essa tranquilidade foi embora. Um homem comprou a casa de alvenaria na esquina da Rua dos Pinheiros com a Rua das Campinas. Tratava-se de um homem solteiro, não de uma família ou de um casal. Um homem solteiro com o nome de Levi.

Levi, no fim das contas, circulava por aí num carro esportivo turbinado de teto rebaixado. No fim das contas, cortava a grama sem camisa, instalou uma piscina, construiu um deck, uma churrasqueira e um sistema de som externo. Enquanto o restante dos vizinhos procurava descansar à noite, Levi costumava dar um agito.

Ele dava festas. Seus amigos vinham do lado ruim da cidade, dirigindo suas picapes levantadas e seus carros rebaixados. Os homens usavam botas de caubói e tatuagens, e as mulheres usavam camisetas regatas apertadas. Alguns homens tinham barriga de tanquinho e outros chegavam trazendo pacotes com seis latas de cerveja. Falavam alto demais, bebiam demais e a festa se prolongava até altas horas da noite.

Nos domingos de manhã, enquanto as pessoas de bem daquele bairro iam para a igreja em seus carros, observavam as latinhas de cerveja jogadas no gramado à frente da casa do novo vizinho e diziam a seus filhos: "Esse homem precisa de Jesus".

Foi aí que Jesus veio. Andou por aquela vizinhança e pelas ruas. Foi de porta em porta perguntando se alguém tinha tempo de conversar, jogar dominó ou comer hambúrgueres grelhados.

Entretanto, quem poderia ter tempo para essa loucura? Eles tinham seu trabalho, sua hora de dormir e suas tarefas. Ninguém tinha tempo para Jesus, com exceção do homem que morava na esquina da Rua dos Pinheiros com a Rua das Campinas, o mesmo homem com o carro e os amigos barulhentos. Esse tinha tempo.

Jesus bateu à porta de Levi, e ele o convidou para o jantar. Os dois se deram muito bem. Conversaram sobre a vida, contaram piadas e confraternizaram, até que Levi contou para Jesus sobre o seu passado sórdido. Jesus falou a Levi sobre perdão e sobre futuro. Levi perguntou: "Até alguém como eu pode ter tudo isso?". Jesus sorriu e disse: "Com certeza, especialmente pessoas como você".

Um dia, Jesus lhe fez uma visita especial e lhe propôs essa oferta: "'Siga-me'. Levi levantou-se, deixou tudo e o seguiu" (Lucas 5:27-28).

Tratava-se de Levi, mais conhecido como Mateus, o apóstolo, o evangelista, o seguidor de Jesus da primeira geração. No entanto, antes de ser Mateus, ele foi Levi. Antes de aparecer nos vitrais, ele se corrompia com os fiscais. Antes de ajudar a escrever a Bíblia, ele esvaziava os bolsos e as bolsas das pessoas do seu país.

Mateus era um coletor público de impostos, um judeu que trabalhava para o Ministério da Fazenda do Império Romano. O imperador permitia que os publicanos cobrassem tributos sobre tudo. Podiam levar tudo o que quisessem, desde que Roma ficasse com a parte combinada, e era exatamente isso que faziam. Ficavam ricos empobrecendo as pessoas. Sobre a parede havia um quadro com a missão deles: "Peguem o que puderem, desde que possam carregar".

Esse era o motivo de Levi ter um carro esportivo e promover suas festas. Por isso ele era folgado e agitado. Há muito tempo, ele havia trocado sua dignidade e seu respeito próprio por uma carteira cheia e um carro rápido. Ele nunca tinha sido convidado para os churrascos da vizinhança, nem fazia parte dos reencontros de colegas do Ensino Médio. As pessoas cochichavam enquanto ele passava: "Esse é o Levi, o explorador". Ele era um malandro, um trapaceiro, mais astuto que o ventre de uma cobra. Ele era cobrador de impostos.

Entretanto, Jesus viu um bom potencial em Mateus, e Mateus encontrou redenção em Jesus. Portanto, Mateus logo aceitou a proposta de Jesus. Ele passou a fazer parte do bando desajeitado de discípulos.

Mateus, porém, não conseguia esquecer dos seus velhos amigos, apesar de ter começado uma vida nova. Tinha saudades da sua turma. É claro que as palavras deles eram sujas e tinham uma moral questionável. Gostavam de frequentar casas noturnas e passavam o fim de semana nos cassinos. Vestiam roupas de grife, bebiam demais e tinham uma vida curta, mas Mateus não esquecia deles. Um dia, ele disse a

Jesus: "Eu gosto da sua turma. Gosto do Pedro, do João e dos outros, mas sinto falta do Renan, do Leozinho e da Sofia...".

Então Jesus disse: "Deixa eu te dizer uma coisa. Não tem problema você ser meu amigo e amigo deles. Teria como eu os conhecer?".

Mateus ficou animado: "É sério? Mas eles não são nada religiosos, ninguém quer vê-los na sinagoga".

"Falei que não tem problema. Que tal darmos uma festa? Vamos juntar os dois grupos — o grupo do Pedro e do Tomé e o grupo do Natã e da Sofia."

"Na verdade, o nome dele é Renan, mas a ideia é ótima!"

Mateus chamou o fornecedor e montou uma lista de convidados. "Então Levi ofereceu um grande banquete a Jesus em sua casa. Havia muita gente comendo com eles: publicanos e outras pessoas" (Lucas 5:29).

Não se tratava de qualquer churrascada no quintal. Era um grande banquete com uma grande multidão, os melhores vinhos, um pessoal bom na recepção e comida em todas as mesas, mas os convidados não eram os de sempre, tratando-se de uma reunião curiosa da turma dos motoqueiros e da ostentação com as pessoas com a Bíblia debaixo do braço. Os apóstolos se reuniram com os populares. Na mesma festa, houve o encontro da turma do *happy hour* com a turma da Escola Dominical.

Jesus estava empolgado, mas os líderes religiosos estavam irritados.

Eles eram conhecidos como fariseus, e seu apelido veio de uma palavra aramaica que significa "uma pessoa separada".[1] A ideia deles era se separar dos pecadores. Na definição deles, santidade significa a clausura, a quarentena ou o isolamento. Quem é bom — ou quem é de Deus — se isola dos outros, não faz amizade com pessoas más.

Quando os fariseus ficaram sabendo da festa, eles a invadiram. Marcharam para dentro da casa de Mateus de rosto fechado e com olhar de reprovação, carregando Bíblias bem grossas. Então começaram o apontar de dedos e exigiram uma explicação da parte de Jesus: "Por que vocês comem e bebem com publicanos e 'pecadores'"? (Lucas 5:30).

Os amigos de Mateus lamentaram. Já sabiam do esquema e que não se encaixavam nele. Por toda a vida lhes disseram que não eram bons o suficiente para Deus. Começaram a pegar suas coisas para sair. A festa acabou.

"Podem ir parando", disse Jesus com muitas palavras. Ele se levantou — se não literalmente, pelo menos de modo simbólico — a favor de Mateus e de seus amigos, dizendo: "Não são os que têm saúde que precisam de médico, mas sim os doentes. Eu não vim chamar justos, mas pecadores ao arrependimento" (Lucas 5:31-32).

Jesus falou essa frase com um tom de ironia. Os fariseus se consideravam "saudáveis" e "justos" espiritualmente. Na realidade, eram doentios e presunçosos, mas, já que não achavam que eram doentes, também achavam que não precisavam de Jesus.

Por outro lado, Mateus e sua turma separaram um lugar para Jesus. Por causa disso, Jesus também preparou um lugar para eles.

Será que nós fazemos o mesmo?

Uma das perguntas mais difíceis sobre relacionamento é a seguinte: "O que fazemos com um Levi?".

O seu Levi é a pessoa da qual você discorda completamente. Vocês seguem sistemas de valores diferentes, abraçam filosofias diferentes, adotam códigos de comportamento, modos de vestir e crenças diferentes.

Você dirige um carro flex, enquanto ele dirige um caminhão barulhento e poluidor. Você é de direita, mas ele é de esquerda. Você ama seu marido, enquanto ela ama a mulher dela.

O seu Levi é "você ao contrário".

As pessoas que são o seu oposto podem esvaziar seu tanque de alegria. Existe um conflito, um embaraço. Isso pode provocar a ira, em pequena ou grande proporção, e a incapacidade de administrar o relacionamento pode levar ao isolamento, ao preconceito e à intolerância.

E se essa pessoa for seu chefe, seu vizinho mais próximo, seu colega? E se o seu oposto é um dos seus pais ou um dos seus filhos?

Como Deus quer que tratemos os Levis do mundo? Quer que simplesmente os ignoremos? Quer que participemos de uma refeição com eles, ou saiamos da sala quando eles entrarem? Ou mesmo deseja que peçamos que eles saiam para que possamos permanecer em algum lugar? Ele quer que discutamos nossas diferenças? Ou que passemos por cima delas? Devemos discutir por causa delas ou evitá-las?

Imagino que a melhor resposta se encontra nessa pequena exortação: "Aceitem-se uns aos outros, da mesma forma como Cristo os aceitou, a fim de que vocês glorifiquem a Deus" (Romanos 15:7).

Essa passagem resume um apelo à unidade de trinta versículos dirigidos à igreja de Roma (Romanos 14:1-15:7). Paulo começa e termina esse desenvolvimento do tema com o mesmo verbo: aceitar. Esse verbo, *proslambanō*, tem um significado mais profundo do que simplesmente tolerar ou coexistir. Como o sacerdote anglicano John Stott escreveu: "Significa acolhê-las em nosso círculo de amigos e em nosso coração. Implica o calor e a bondade que marcam o verdadeiro amor".[2]

Paulo empregou o verbo quando insistiu que Filemom recebesse o escravo Onésimo do mesmo modo que receberia o próprio Paulo (Filemom v. 17). Lucas o selecionou para descrever a hospitalidade dos malteses ao povo que tinha passado por um naufrágio (Atos 28:2) e, de modo mais notável, Jesus o usou para descrever o modo pelo qual nos recebe (João 14:3).

Como ele nos recebe? Eu sei como ele me tratou.

Aos vinte anos, era um encrenqueiro em declínio. Embora tenha feito um compromisso com Cristo dez anos antes, não haveria como ter conhecimento disso pelo modo que vivia. Tinha passado cinco anos dizendo ser filho de Deus nos domingos de manhã e ser amigo do diabo nos sábados à noite. Eu era um hipócrita, de duas caras, imoral e egoísta.

Eu estava perdido, como Levi. Quando eu finalmente me cansei de permanecer na lama, fiquei sabendo sobre a graça de Deus. Vim para Jesus e ele me recebeu de volta.

Gostaria que você observasse que Jesus não consentia com o meu comportamento, nem aprovava minha agressividade, muito menos minhas encrencas. Ele não estava interessado no meu comodismo, nem no meu preconceito. Tudo isso tinha que ir embora: minha tendência à ostentação, à manipulação ou ao exagero e o meu machismo. Jesus não encobriu o Max egoísta que tinha alimentado, nem aceitou meu comportamento pecaminoso, mas fui *eu*, seu filho teimoso, que fui aceito por ele. Ele aceitou a obra que ele podia fazer em minha vida. Não me disse para me purificar para depois voltar. Ele disse: "Volte que eu te purificarei". Ele era "cheio de graça e de verdade" (João 1:14). Não só de graça, mas também de verdade. Não só de verdade, mas também de graça. Uma graça que não dispensa a verdade.

A *graça* disse à mulher adúltera: "Eu [...] não a condeno" (João 8:11), mas a *verdade* lhe disse: "Vá e abandone sua vida de pecado" (João 8:11). A *graça* lavou os pés dos discípulos, mas a *verdade* lhes disse: "Façam como lhes fiz" (João 13:15). A *graça* convidou Pedro a descer do barco e andar sobre o mar, mas a *verdade* lhe lançou em rosto a sua falta de fé (Mateus 14:28-31). A *graça* convidou a mulher no poço para beber a água eterna. Mas a *verdade* a fez lembrar com cuidado de que ela teve cinco maridos e estava morando com um namorado (João 4:4-18).

Jesus tinha graça suficiente para se encontrar à noite com Nicodemos, mas tinha verdade suficiente para lhe dizer: "Ninguém pode ver o Reino de Deus, se não nascer de novo" (João 3:3).

Ele transmitia a verdade com graça, mas oferecia a graça com verdade.

Lembre-se das palavras *graça e verdade*, porque a aceitação busca oferecer as duas. Se oferecermos somente a graça, então passamos por cima da verdade. Se oferecermos somente a verdade, perdemos a alegria da graça. Nosso objetivo é chegar a um equilíbrio. Ah, como eu queria que isso fosse fácil! Tive a experiência de passar pelos dois extremos. Em alguns momentos, fui tão zeloso da verdade que me esqueci da graça, e em outros promovi a tolerância e omiti a verdade.

Isso me faz lembrar de um momento em que estava tentando encorajar uma mulher cujo casamento estava destruído. Ela estava pensando em se divorciar. Seu marido a agredia verbalmente e ela suspeitava de que ele a estava traindo. Insisti que ela seguisse em frente e o deixasse. Fiquei vários meses sem ter notícias dela e, quando eu finalmente a vi novamente, ela disse: "Acabei me levantando com a fé bem mais forte, mas você não tem parte nenhuma nisso".

Olhei para ela com surpresa.

Ela disse: "Você me aconselhou a fugir da situação, mas eu precisava ser desafiada a permanecer"!

A frase de efeito "ame o pecador, mas odeie o pecado" é muito boa para um adesivo de carro, mas como podemos colocar esse princípio em nosso coração?

Quem sabe essas ideias possam lhe ajudar.

Não se apresse a julgar. Deixe que todas as pessoas que passarem pelo seu caminho ocupem um registro novo em sua mente. Evite rotular ou projetar ideias preconcebidas sobre elas. Os cubículos só servem para os pombos no pombal, não para as pessoas.

No período em que estava preparando estes capítulos, aconteceu de eu estar caminhando no centro de uma cidade grande em um sábado de manhã, onde encontrei um homem visivelmente cansado, sentado nos degraus de concreto de um prédio. Ele estava de gorro, com roupas bem sujas e tinha uma barba comprida. Aos seus pés se encontrava uma latinha de sua bebida favorita.

De certo modo, no meu mundo esse homem não passava de um Levi qualquer. Poderia tê-lo ignorado, mas, como estava bem no meio de uma série de pregações sobre o caminho da felicidade pela prática de passagens que falam sobre fazer coisas boas "uns aos outros", saí da minha zona de conforto e me sentei ao seu lado. Achei que ele era um morador de rua desempregado, mas estava redondamente enganado.

Na verdade, ele trabalhava como contrarregra e tinha acabado de sair do serviço no qual trabalhou por toda a noite. Conversamos por alguns momentos sobre a sua carreira de várias décadas, montando e desmontando o palco para o melhor da música country. Ele me contou sobre alguns cantores que tinha conhecido, sobre como o Senhor abençoou a sua vida e como se sentia alvo da graça de Deus. Eu me despedi dele bem envergonhado por tê-lo julgado mal.

O pastor afrodescendente Raleigh Washington dedicou grande parte de sua vida à reconciliação entre as raças. Ele diz que a frase mais importante para construir amizade entre os grupos raciais é essa: "Ajude-me a entender como você é".[3]

Ajude-me a entender como é ser adolescente nos dias de hoje.

Ajude-me a entender como é nascer em berço de ouro.

Ajude-me a entender os desafios que você enfrenta como imigrante.

Ajude-me a entender como é ser mulher em uma empresa dominada pelos homens.

Em seguida, deixe as reservas de lado e comece a ouvir, mas ouça de verdade. Ouvir as pessoas é um bálsamo que cura as emoções que estão à flor da pele. (Um amigo me confessou: "Geralmente eu pareço estar ouvindo com atenção, mas a verdade é que estou descansando um pouco".)

"Estejam em acordo [tenham um mesmo modo de pensar; vivam em harmonia], entendendo uns aos outros [compreensivos], amando uns aos outros como uma família [demonstrando amor fraternal], sendo generosos [ternos, compassivos] e humildes" (1Pedro 3:8, Bíblia Expandida, tradução livre).

Abraão Lincoln exemplificou esse tipo de aceitação. Durante a Guerra Civil, quando sua mulher criticou os sulistas, ele lhe disse: "Não os critique, Mary; faríamos a mesma coisa se estivéssemos em uma situação parecida".[4]

Nunca coube a nós salvar o mundo. Nosso perfil profissional não inclui a função de "redentor da humanidade". Com certeza, a nossa parte é incentivar, corrigir, aplaudir e exortar, mas de modo algum temos como salvar o mundo. Só existe um Messias e um único trono, mas essa pessoa não é você, nem o trono lhe pertence.

Abra mão dessa função porque, se você agir de outra maneira, será condenado a viver em uma tristeza profunda. Você será esmagado se levar o peso do mundo nas costas. Lembre-se da festa do Levi. Quem perdeu a oportunidade de se divertir foi o grupo de fariseus intransigentes.

A felicidade não acontece quando queremos consertar as pessoas, mas quando aceitamos as pessoas e as colocamos aos cuidados de Deus. Foi exatamente isso que Jesus fez, senão ele não aguentaria. Ninguém conhecia tanto a hipocrisia e os defeitos da humanidade quanto ele. Cristo sabia exatamente do que as pessoas precisavam, mas, mesmo assim, ele lhes deu o tempo e a chance para crescer. A minha sugestão é que façamos o mesmo.

Resista à tentação de gritar. Já basta a gritaria que fizemos no playground no Ensino Fundamental. Todos os garotos da sala da Sra. Amburgy se reuniam para afirmar nossa superioridade masculina. Fazíamos uma reunião no recreio e, de braços cruzados, marchávamos pelo playground gritando: "Os meninos são melhores que as meninas! Os meninos são melhores que as meninas!". Para ser sincero, não concordava muito com isso, mas gostava da turma.

Entretanto, reagindo, as meninas também fundaram seu próprio clube. Elas marchavam por toda a escola proclamando seu desprezo pelos meninos: "As meninas são melhores que os meninos!". Isso que eu chamo de um campus feliz!

Gritar com o nosso Levi parece fazer com que nos sintamos muito bem, mas será que ajuda em alguma coisa?

Acho que está na hora de dar um ponto final a essa gritaria. É gente gritando nas ondas do rádio, nos adesivos dos carros, nos telejornais, nas redes sociais, por todo lado! "Somos melhores, mais espertos, mais santos que vocês!" Será que não dá para expressar uma opinião sem ter um chilique? O apóstolo Paulo criticava quem "é orgulhoso e nada entende. Esse tal mostra um interesse doentio por controvérsias e contendas acerca de palavras, que resultam em inveja, brigas, difamações, suspeitas malignas" (1Timóteo 6:4).

"[Nada de] discutir assuntos controvertidos" (Romanos 14:1). Uma coisa é ter uma opinião, brigar é outra totalmente diferente. Quando o volume começa a aumentar e o sangue começa a subir à cabeça, é melhor ficar quieto. Calar a boca e manter a amizade é melhor que gritar com o risco de perdê-la. Afinal de contas, "quem são vocês para condenar os servos de outra pessoa? O senhor deles julgará se estão em pé ou se caíram. E, com a ajuda de Deus, ficarão em pé e receberão a aprovação dele" (Romanos 14:4, NVT).

É melhor refletirmos e trabalharmos juntos. Se a discussão não chegar a um consenso, deixe que o amor prevaleça. "Sobretudo, amem-se sinceramente uns aos outros, porque o amor perdoa muitíssimos pecados" (1Pedro 4:8). Se o amor encobre a multidão de pecados, será que ele não pode encobrir também a multidão de opiniões? Precisamos de uma trégua para acalmar essa gritaria de opiniões desencontradas.

Brian Reed serviu em uma unidade militar em Bagdá, no Iraque, no outono de 2003. Ele e sua unidade faziam rondas periódicas pelas ruas para proteger os bairros e promover a paz. Geralmente se tratava de uma missão ingrata e infrutífera. Os cidadãos pareciam mais interessados em ganhar peixes do que em aprender a pescar. Brian declarou que era difícil levantar o moral da tropa a cada dia.

Uma exceção à regra veio na forma de um culto que seus homens tiveram a chance de presenciar. Os soldados saíram de seus veículos militares, admirados diante de uma verdadeira representação do Natal em meio àquele ambiente hostil: três magos do Oriente anunciando a todos que passavam que se tratava de uma reunião cristã em uma igreja cristã.

Brian e seus homens, armados e blindados até os dentes, adentraram aquele recinto, que estava cheio de cristãos coptas de fala árabe cantando e louvando a Deus com um grupo de louvor acompanhado de slides no Data Show. Os norte-americanos não conseguiam entender uma só palavra, mas reconheceram a imagem na tela, que se tratava de uma imagem de Jesus. O idioma era desconhecido, mas a prática era bem conhecida, consistindo na comunhão, na oração, no ensino e no partir do pão.

Quando viram os soldados americanos, os cristãos coptas os convidaram a participar da Ceia do Senhor com eles. Os soldados tiraram seus capacetes e receberam os sacramentos, e depois acompanharam os iraquianos em uma procissão na saída do santuário, rumo a um campo, que terminou aos pés de uma grande cruz de madeira.

Depois disso, eles sorriram, deram risada, apertaram as mãos e oraram um pouco mais. Assim se fez a paz no Oriente Médio.

Brian escreveu: "Jesus estava presente. Ele deu o ar de sua graça exatamente no local que alguns de nossos irmãos da Força Aérea estavam prestes a destruir completamente. Deus falou comigo naquela noite... Celebrar a Ceia do Senhor e recordar o sacrifício de Jesus pelos nossos pecados foi a melhor maneira de criar uma ponte de amizade e destruir os muros de separação que poderíamos experimentar".⁵

Esse com certeza é o exemplo vivo de pessoas diferentes de nós que foram reconciliadas conosco pela cruz de Cristo.

Em seu livro *Streams of Mercy* [*Correntes de misericórdia*], Mark Rutland se refere a uma enquete na qual os norte-americanos foram perguntados sobre quais seriam as frases que eles tinham mais vontade de ouvir. Ele diz que acertou a primeira resposta, mas nunca imaginou nem a segunda nem a terceira: o primeiro lugar ficou para "Eu te amo"; o segundo lugar foi "Eu te perdoo", e o terceiro foi "O jantar está na mesa".⁶

Essas três frases resumem a mensagem de Jesus. Ele veio com amor, com graça e com um convite para o jantar. Para Mateus e seus amigos, o jantar aconteceu no Israel antigo. Para você, para mim e para todos os outros Levis do mundo, o banquete no céu superará todos os nossos sonhos mais lindos, e ficaremos surpresos com quem veremos na mesa.

Capítulo 9

Fale!

> Aconselhem-se uns aos outros.
> — Colossenses 3:16

Seu colega de trabalho envia um áudio para você: "Meu pai acabou de falecer. Estou a caminho do hospital. Não sei se consigo lidar com isso". Sua vizinha explica a chegada de um caminhão de mudanças que para em frente à casa dela: "Meu marido está indo embora. Ele disse que o nosso casamento acabou".

Sua irmã liga dizendo que seu filho adolescente voltou à reabilitação. Seu telefone toca e aparece essa mensagem: "O médico ligou dizendo que o câncer voltou. Precisamos conversar".

De uma hora para a outra, você é convidado a participar do sofrimento de alguém. Você não se ofereceu, você foi convocado. Você não planejou falar sobre a morte, o divórcio ou a doença, mas às vezes não há como evitar.

Foi exatamente o que aconteceu comigo. A mulher simplesmente olhou para mim e disse: "Estou cada vez mais velha e doente. Acho que Deus desistiu de mim".

Eu e ela estávamos em uma limusine funerária com tudo o que tinha direito. Ela era parente do falecido e eu era amigo dele. Nós dois fomos ao culto fúnebre e estávamos indo para o cemitério.

Não tem nada que nos faça lembrar tanto da nossa mortalidade como essas visitas ao cemitério. Quem sabe essa seja a razão de ela começar a se lamentar de repente: "Não me lembro de ter tido um único dia de saúde depois que eu fiz oitenta anos. Já orei tanto, mas acho que dessa eu não escapo".

Foi nessa hora que ela olhou para o céu de inverno que se descortinava pela janela e repetiu sua conclusão: "Acho que Deus desistiu de mim".

Confesso que não era uma conversa muito feliz, nem ela era uma pessoa muito alegre. Mas o que se pode dizer a alguém que acha que Deus a abandonou? Deve-se concordar, discordar, falar pouco ou muito?

A história de Lázaro no Novo Testamento revela o que Jesus diria. Ela começa de forma simples: "Havia um homem chamado Lázaro [...] de Betânia [...] E aconteceu que Lázaro ficou doente" (João 11:1).

Vai que tenhamos que ser conhecidos de alguma maneira: Marta era mandona, Judas era ganancioso, Mateus tinha amigos bagunceiros. E Lázaro? Simplesmente ficou doente.

Trata-se de um fato infeliz, mas bem comum. Todos ficam doentes. A situação de Lázaro era comum, exceto por uma razão: ele tinha um amigo chamado Jesus. Ele é descrito como "um amigo querido" (v. 3, NLT).

Essa é uma descrição bem rara. A Bíblia descreve as pessoas como alunos, seguidores, familiares, antagonistas, críticos, mas dificilmente como amigos de Jesus, muito menos como "amigos *queridos*".

Aparentemente, Lázaro realmente gostava da pessoa de Jesus, de suas histórias e de suas piadas. Os outros gostavam de ser vistos com Jesus ou de serem ensinados por ele, mas Lázaro era diferente: ele simplesmente gostava de Jesus como pessoa.

O fato é que Jesus também gostava de Lázaro. É maravilhoso imaginar Jesus enxergando Lázaro em um almoço cheio de gente e acenando para que ele se aproximasse perguntando: "Quer sair comigo nesta semana?". Os amigos passam tempo juntos e compartilham sua vida, e era isso que Jesus e Lázaro faziam.

Naquela ocasião, o amigo de Jesus ficou muito doente. A situação era tão grave que suas irmãs Maria e Marta "mandaram dizer a Jesus: 'Senhor, aquele a quem amas está doente'" (v. 3).

Elas tinham certeza de que Jesus viria em um instante. Afinal de contas, eles não eram rostos desconhecidos em meio à multidão. A casa deles era praticamente a residência oficial de Jesus em Betânia, tanto que guardavam o chá preferido dele no armário e sabiam que tipo de bolo ele gostava no seu aniversário. Tinham todas as razões para pensar que *Jesus deixaria tudo o que estava fazendo e viria correndo para ajudar.*

Era isso que Lázaro também achava. Ele estava desesperado. Tudo o que comia voltava. Não conseguia se levantar, suas juntas doíam, e parecia ter um bumbo batendo em sua cabeça — mas uma certeza ele tinha: Jesus estava a caminho. Ele esperava que Jesus chegasse a qualquer momento. Antecipava o apressar dos passos e a fala de Maria lhe dando boas-vindas. Conseguia até ouvir a voz preocupada de Jesus indagando à sua procura: "Onde está Lázaro? Onde está meu amigo?".

Entre uma febre e outra, no amanhecer e no anoitecer, ele voltava a perguntar à Maria e à Marta: "Algum sinal de Jesus? Ele já chegou? Ele mandou alguma mensagem?".

A resposta sempre era negativa: nenhuma palavra, nenhum sinal, nenhuma mensagem.

Lázaro, o amigo querido de Jesus que estava enfermo, nunca mais ouviu falar dele. Passou suas últimas horas perguntando onde ele estava.

Pensava: Será que ele se importa comigo?

Suas irmãs refletiam: Será que ele se importa conosco?

"Ao chegar, Jesus verificou que Lázaro já estava no sepulcro havia quatro dias" (v. 17).

Jesus não estava presente nem na morte de Lázaro, nem no seu enterro. Para complicar ainda mais as coisas, ele chegou com quatro dias de atraso!

Marta foi bem franca ao dizer: "Senhor, se estivesses aqui meu irmão não teria morrido" (v. 21). Depois se acalmou e disse: "Mas sei que, mesmo agora, Deus te dará tudo o que pedires" (v. 22).

Ela estava angustiada e decepcionada. Marta era para Jesus o mesmo que o seu amigo que sofre é para você. Como podemos reagir quando nosso amigo está arrasado? Quando nosso vizinho se desespera? Quando a mulher no carro funerário pensa que Deus a esqueceu? O que podemos fazer?

Veja o que Jesus fez. Ele olhou Marta nos olhos e disse essas palavras de ânimo: "Eu sou a ressurreição e a vida [...] Você crê nisso?" (vv. 25-26).

Esse tipo de reação é identificado na Bíblia como *aconselhamento*. Paulo nos disse para "aconselhar [...] uns aos outros" (Romanos 15:14).

O aconselhamento é o encorajamento prático; significa "colocar na mente".[1] Aconselhar é depositar a verdade nos pensamentos da pessoa. Pode tomar a forma de disciplina, encorajamento ou afirmação. Pode tratar-se de um elogio ou de uma correção. Acima de tudo, o aconselhamento é a verdade que se fala em uma situação difícil. Coloca a pastilha de cloro nas algas da dificuldade que vão surgindo na piscina da vida.

O aconselhamento fala. Com certeza, seguramos a mão daquele que está em dificuldades, levamos água ao sedento e pão para o faminto, mas nossa atividade principal é falar a verdade nos momentos de desespero.

Teremos a petulância de ficar sentados sem fazer nada enquanto Satanás espalha suas mentiras? Claro que não! Desembainhe a espada do Senhor, a Palavra de Deus e agite sua lâmina brilhante diante do mal. "Finalmente, fortaleçam-se no Senhor e no seu forte poder. Vistam toda a armadura de Deus [...] Usem o capacete da salvação e a espada do Espírito, que é a Palavra de Deus" (Efésios 6:10-11,17).

Quando lemos ou citamos as Escrituras diante da dor ou da dúvida ou do mal, ativamos uma arma do Espírito. É como se a lâmina de Deus cortasse a corda do diabo, libertando seus prisioneiros. "Sua poderosa Palavra é aguda como o bisturi e capaz de cortar tudo, seja dúvida, seja desculpa, mantendo-nos abertos para ouvir e obedecer. Nada, nem ninguém, está fora do alcance da Palavra de Deus. Não se pode fugir dela, não há como" (Hebreus 4:12-13, A Mensagem).

O aconselhamento baseado na Palavra é como o creme bactericida. Pode ser que não saibamos como ele sara uma ferida; só sabemos que funciona.

Aplique o aconselhamento e veja o que acontece. Tenha como rotina dizer: "Conheço um versículo da Bíblia que pode ajudar" ou "Uma passagem da Bíblia que fala muito ao meu coração é..." ou "Posso ler um versículo da Bíblia para você?".

Geralmente utilizo versículos como esses:

> Se Deus é por nós, quem será contra nós? (Romanos 8:31)

> Aquele que começou a boa obra em vocês vai completá-la. (Filipenses 1:6)

> "Nunca o deixarei, nunca o abandonarei". (Hebreus 13:5)

Conheci domingo passado, depois do culto, um garoto de dez anos que se chama Josué. Sua mãe, que estava ao seu lado, explicou que o pai dele não fazia mais parte de sua vida. O garoto olhou para mim com os olhos tristes e marejados de lágrimas. Eu me agachei, olhei bem nos seus olhos e disse: "Você conhece a história do seu xará?". Ele acenou afirmativamente e eu aconselhei: "Faça como ele. Derrube as muralhas de Jericó e faça orações com muita fé". Ele não sabia muito bem o que fazer, mas a mãe estava enxugando as lágrimas.

Quem está passando por dificuldades não precisa da nossa opinião, nem da nossa filosofia do sofrimento, nem de alguém que o distraia com conversas inúteis sobre o tempo ou sobre a política. Essa pessoa precisa de alguém que a aconselhe de verdade.

Minha esposa Denalyn é ótima para aconselhar. Ontem à noite, percebi que ela estava trocando mensagens com uma amiga que estava desanimando por causa do excesso de críticas no trabalho. Denalyn a encorajou com essa avalanche de verdade:

> Jesus tem o poder de mover as montanhas, por isso ele pode e vai agir em seu favor! Ele ama você, então receba seu amor e poder. Pare de duvidar do Rei dos Reis e Mestre dos Mestres. Creia nele e tome posse do poder da ressurreição que já é seu em Cristo Jesus. Ele é exatamente quem diz ser. Creia nele! O Senhor expõe nossas fraquezas para que nos aproximemos dele e encontremos nosso descanso e esperança nele. Ele quer que você chegue mais perto dele e pare de imaginar esses cenários terríveis. Não foi ele quem conduziu você até aqui? Ele

é o Criador de toda a terra que age em seu favor e está ao seu lado. Ele é por você, não contra você; portanto, confie nele e o adore! Assuma sua posição em louvor e oração, e ele criará emboscadas contra o inimigo.

Meu pai! Não há como desanimar lendo um texto como esse!

Transmita palavras de esperança, e faça orações de fé. "As orações que são feitas com fé o restaurarão da doença *e o levarão à saúde*. O Senhor levantará [o doente] *do chão do desespero*" (Tiago 5:15, The Voice, tradução livre).

A oração cheia de fé é a oração de aconselhamento. A oração da fé convida Deus a cumprir seu papel soberano de prevalecer sobre uma situação conturbada.

Dennis McDonald é um exemplo desse tipo de aconselhamento. Ele foi capelão da igreja do nosso hospital por muitos anos. Pude acompanhá-lo em várias ocasiões enquanto ele visitava os doentes. Sempre me impressionava o quanto ele se transformava quando começava a ministrar. Podíamos estar caminhando pelo corredor do hospital conversando sobre o tempo ou sobre algum campeonato de golfe, mas, quando entrávamos no quarto, ele entrava em ação. Dirigia-se diretamente para o lado do leito do hospital e se inclinava até chegar bem perto do rosto do paciente para dizer algo assim: "Meu nome é Dennis e eu estou aqui para orar por você e lhe trazer consolo. Deus é maior do que a sua doença. Deus pode curar seu corpo e ele o ajudará a enfrentar tudo isso".

Nesse momento, ele unge a pessoa enferma com óleo e ora: "Deus, esse é o teu servo, a quem tu amas e a quem amamos. Opera tua cura neste quarto. Vá embora, Satanás! Você é um mentiroso e suas palavras não possuem mérito nenhum. Esse filho foi comprado por Deus. Oramos em nome de Jesus, amém".

Essa é a tarefa da igreja: dar a mão aos seguidores que passam por dificuldades e conduzi-los de volta ao caminho da fé.

Há alguns anos, eu vi um exemplo disso em um culto no qual estávamos estudando a promessa de Apocalipse 19:7:

> Regozijemo-nos!
> Vamos nos alegrar e dar-lhe glória!
> Pois chegou a hora do casamento do Cordeiro,
> e a sua noiva já se aprontou.

Ao preparar uma pregação sobre a noiva de Cristo, achei que não haveria um modo melhor de concluir essa mensagem do que convidar uma noiva para entrar na igreja. Sem que as pessoas que me ouviam soubessem, nós combinamos com uma voluntária e ela colocou um vestido de noiva e um véu que cobria o seu rosto. No momento certo, acenei para que a música começasse, a congregação se levantasse e as luzes diminuíssem para que a noiva iniciasse a sua caminhada.

E assim ela fez... indo de encontro à última fileira. Não poderia ser diferente, porque o véu bloqueava sua visão. Ela se recompôs e prosseguiu, chocando-se com a outra fileira. Ela não conseguia permanecer no caminho. Só depois de ela dar alguns passos desorientados pelo corredor foi que algumas pessoas amavelmente se prontificaram a conduzi-la ao altar.

A minha intenção era exemplificar a beleza da noiva. No entanto, acabamos assistindo a uma representação da nossa necessidade de aconselhamento. Nós também oscilamos de um lado para o outro e temos dificuldade de continuar no caminho. Cada um de nós em algum momento precisa da orientação de alguém.

A cena terminou com a noiva chegando ao altar com meia dúzia de auxiliares rindo ao lado dela.

Quem sabe esse é o prenúncio do que aguarda a todos nós? Quando estivermos diante do altar de Cristo no último dia, nosso coração se encherá de gratidão pela influência de todos aqueles que tiveram a iniciativa de falar conosco para nos ajudar.

Você também pode fazer isso! Não se acanhe. Afinal de contas, você é embaixador de Cristo. Será que o embaixador pode ficar calado? Você é filho de Deus. Será que o filho não fala em favor do seu pai? Você é coerdeiro com Cristo. Será que o filho fica calado com tantas bênçãos à disposição?

Claro que não! Muito menos eu. Você se lembra da mulher que lhe falei que estava se lamentando? Ela disse: "Cada vez fico mais velha e doente. Acho que Deus desistiu de mim". Fui tentado a ignorar o seu comentário pelo fato de não a conhecer, e de ela mal me conhecer. Afinal, havia mais gente no carro funerário. No entanto, algo me levou a falar. Então voltei meu olhar para ela e disse com insistência: "Não fale assim! Deus não abandonou você. Ele é seu pai e ama você. Ele é o seu pastor que guia a sua vida. Antes mesmo de você existir, seus dias já estavam contados. Não dá para você prolongar os seus dias, mas dá para melhorar bastante os que virão, porque você está nas mãos de Deus.

"É isso que vivo dizendo para ela", disse seu marido, deixando escapar as palavras.

Os olhos dela se encheram de lágrimas. Ela me perguntou: "Você está falando sério?".

Confirmei dizendo: "Pode ter certeza!".

Passamos por alguns momentos de silêncio. O carro entrou no cemitério e tomou o seu lugar na entrada. Enquanto saíamos, ela decidiu: "Vou confiar em Deus!".

Minha oração é que ela tenha feito isso e que nós também façamos o mesmo.

Depois de Jesus aconselhar Marta, ele fez o que ninguém poderia imaginar. Foi até o sepulcro, chorou por seu amigo, e depois deu uma palavra de ordem para que Lázaro saísse, e foi isso que aconteceu! Ele saiu do sepulcro, mas esse não foi o único milagre do dia. Jesus ressuscitou o irmão dentre os mortos, mas também ressuscitou o coração de Marta que estava despedaçado, tudo isso com palavras de poder.

Capítulo 10

Você foi detonado

> Perdoem-se uns aos outros assim como Deus em
> Cristo os perdoou – perdão total e incondicional.
> — Efésios 4:32, A Mensagem

Essa é a história do Detonador. O nome dele não é Detonador, mas preciso manter esse nome no anonimato, porque o que contarei não depõe a favor dele. No fim das contas, o nome combina com ele. Ele era um detonador. No futebol americano do Ensino Médio, ele atropelava a linha de ataque dos adversários como um trator. No beisebol, ele rebatia várias bolas acima da cerca do *home run*.

O Detonador mandava no campus como se fosse um líder de gangue. Era bruto e corpulento, tinha braços de defensor e rosnava como um tigre. A maioria das pessoas evitava contrariá-lo, mas, em uma noite de sexta-feira, acabei provocando o rapaz. Estávamos juntos no estacionamento de um mercado. Parece que o Detonador não gostou de alguma coisa que falei ou da maneira como tinha falado. Incentivado por várias latinhas de cerveja e um bando de colegas, ele veio me pegar. Ele me empurrou pela porta aberta de um carro, determinado a detonar meu queixo. Foi a briga do urso contra o esquilo. Ele desferiu vários golpes no meu rosto até que algumas pessoas o puxaram pelos tornozelos e o afastaram. Saí dessa de olhos roxos e de orgulho ferido e fui para casa todo envergonhado.

Passei todo o fim de semana tentando entender o motivo de tudo aquilo. O que tinha feito de errado? Será que eu devia ter revidado ou devia ter ido atrás dele? Estaria ele procurando por mim? Planejei o que lhe diria na segunda-feira. Precisei criar coragem, mas reuni bravura suficiente para o encontrar no corredor entre as salas de aula.

"Por que você pulou para cima de mim na sexta à noite?"

Ele me deu um sorriso torto e arrogante, dizendo: "Não me lembro de nada disso. Eu estava bêbado", afastando-se enquanto falava. Essa explicação doeu mais do que os socos dele. Nem inimigo dele eu era, só era o saco de pancadas da vez.

Faz décadas que eu não vejo o Detonador, mas vejo pessoas como ele quase toda semana. Quando a jovem esposa reclama do seu marido violento, eu me lembro dele. Quando leio sobre a criança que passa por *bullying* no Ensino Médio, lá vem ele de novo. Quando a empresa grande compra a pequena, dá uma limpa e despede todo mundo, sua imagem surge em minha mente.

Todos nós temos um Detonador. Ou dois, ou dez. Mas o meu parece um mosquito perto do seu. Quem sabe seu Detonador é seu pai que vem lhe bater todos os dias, ou mesmo foi aquela pessoa que disse que lhe amava quando você era jovem e magra e lhe descartou quando você envelheceu e engordou. Seu Detonador não deixou você passar de ano por maldade; ele traiu ou abandonou você.

Você foi detonado.

Quem sabe você já superou tudo isso, mas, se isso ainda não aconteceu, é preciso abordar uma questão relacionada à sua felicidade. O ressentimento suga a satisfação da sua alma, e a amargura a consome. A vingança é um monstro com um apetite insaciável, que não se satisfaz só com um gesto de retaliação. Um castigo só nunca basta. Quando não é tratado, o rancor nos leva à decadência.

Seu Detonador já levou muito. Não o deixe levar ainda mais. A cisma piora tudo. Com certeza, nem a amargura adoça a vida, nem a cara feia a deixa melhor.

"É tolice alimentar o ódio" (Eclesiastes 7:9, NTLH).

Algumas pessoas abandonam o caminho do perdão por acharem que seus passos são intransponíveis. Por esse motivo, sejamos realistas quanto a esse gesto. O perdão não dá desculpas para a ofensa, nem justifica o erro, nem o ignora. Não se traduz necessariamente em reconciliação. Muito menos há necessidade de restabelecer o relacionamento, porque existem casos no quais nem é possível que isso ocorra. Além do mais, perdoar e esquecer é um padrão inatingível. As lembranças dolorosas não são como roupas velhas. Elas não se desgastam com facilidade.

Perdão é simplesmente o ato de mudar sua atitude com relação a quem lhe ofende; é deixar o desejo de prejudicar alguém, dando margem para a reconciliação. Qualquer passo que seja dado em direção ao perdão consiste em um passo decisivo rumo à felicidade.

Quando os pesquisadores da Universidade Duke relacionaram oito fatores que promovem a estabilidade emocional, quatro deles estavam ligados ao perdão:

1. Evitar a suspeita e o ressentimento.
2. Parar de viver no passado.
3. Evitar o desperdício de tempo e energia por não se conformar com condições que não podem ser mudadas.

4. Recusar-se a ter pena de si mesmo quando for tratado injustamente.¹

Em uma tese intitulada "Granting Forgiveness or Harboring Grudges" (Conceder o perdão ou guardar rancor), os pesquisadores relatam sobre como convidaram as pessoas a pensar sobre alguém que lhe fez mal. Bastou pensarem sobre o agressor que as palmas das mãos começaram a transpirar, os músculos do rosto começaram a tensionar, o coração começou a disparar e a pressão começou a subir. Quando os pesquisados receberam a sugestão de perdoar essa pessoa, todos esses efeitos psicológicos começaram a diminuir.² Quando o perdão começa a fluir, passamos a andar pelo caminho da saúde e da felicidade.

Não é de admirar que a esquadra de passagens bíblicas que contêm as palavras "uns aos outros" inclui uma fragata chamada *Perdão*. "Sejam bondosos e compassivos uns para com os outros, perdoando-se mutuamente, assim como Deus perdoou vocês em Cristo" (Efésios 4:32).

Vemos aí o apóstolo Paulo agindo como de costume. Ele não se restringiu a dizer para que perdoássemos uns aos outros conforme os ditames da nossa consciência, ou na proporção em que nos sentimos confortáveis, ou de acordo com o nosso bom senso. Ele fez o que amava fazer: usou Jesus como nosso padrão.

Portanto deixemos as epístolas e comecemos a voltar algumas páginas no Novo Testamento para os Evangelhos, procurando por alguma situação na qual Jesus perdoou as outras pessoas. Basta sairmos do livro de Atos para o final do evangelho de João para encontrarmos um exemplo. Esse exemplo inclui uma bacia de água, uma toalha, 24 pés molhados de suor e uma dúzia de discípulos:

> Jesus sabia que o Pai havia colocado todas as coisas debaixo do seu poder, e que viera de Deus e estava voltando para Deus; assim, levantou-se da mesa, tirou sua capa e colocou uma toalha

em volta da cintura. Depois disso, derramou água numa bacia e começou a lavar os pés dos seus discípulos, enxugando-os com a toalha que estava em sua cintura. (João 13:3-5)

Era a véspera da crucificação, e a última refeição de Jesus com seus seguidores. João queria transmitir o que era do conhecimento de Jesus. Ele sabia que tinha toda a autoridade, que veio do céu e que estava voltando para ele. Ele tinha certeza da sua identidade e do seu destino. Por saber quem ele era, podia fazer o que fez.

Ele "levantou-se da mesa" (v. 4). Quando Jesus se levantou, os discípulos com certeza se animaram. Devem ter achado que Jesus começaria a lhes ensinar alguma coisa. Era isso que ele estava disposto a fazer, mas sem palavras.

Logo depois ele "tirou a sua capa" (v. 4). Até a capa simples e sem costura do rabino era chamativa demais para a tarefa em questão.

Jesus pendurou seu manto em um gancho e colocou a toalha em volta da cintura. Depois pegou um jarro de água e a derramou em uma bacia. Só se ouvia o som da água enquanto Jesus a enchia.

O próximo som foi o da bacia quando Jesus a colocou no chão. Depois veio o som do atrito do couro quando Jesus desamarrou e tirou as primeiras dentre as duas dúzias de sandálias. Em seguida, houve mais barulho de água quando Jesus colocou dois pés, bem sujos por sinal, na água. Ele massageou os dedos dos pés, apoiou os calcanhares ásperos com as mãos e secou os pés com sua toalha. Logo em seguida, esvaziou a bacia da água suja, encheu-a de água limpa, e repetiu o processo com o próximo par de pés: molha, lava, massageia e seca!

Quanto tempo você acha que essa lavagem levou? Se supormos que Jesus levou de dois a três minutos para lavar cada pé, esse gesto deve ter levado quase uma hora. Lembre-se de que Jesus estava passando seus últimos minutos com seus seguidores. Se seus três anos com eles fossem medidos com uma ampulheta, só faltavam cair os poucos grãos de areia que Jesus escolheu usar nesse sacramento silencioso de humildade.

Ninguém ousou abrir a boca, senão Pedro, que sempre tinha que falar alguma coisa. Quando ele se recusou a participar, Jesus insistiu a ponto de dizer a Pedro: "Se eu não os lavar, você não terá parte comigo" (v. 8).

Pedro, então, pediu que lhe desse um banho de uma vez.

Horas depois naquela noite, os discípulos perceberam o gigantismo desse gesto. Eles tinham prometido permanecer ao lado do seu Mestre, mas essas promessas derreteram como cera diante do fogo das tochas romanas. Quando os soldados se aproximaram, os discípulos fugiram.

Imagino que eles correram até que, exaustos, caíram sentados de uma vez no chão e deixaram sua cabeça cair olhando de um modo cansado para o pó. Foi nesse momento que olharam para os pés que Jesus tinha acabado de lavar, e então perceberam que ele lhes tinha concedido graça antes de saberem que precisariam dela.

Jesus perdoou seus traidores antes que o tivessem traído.

Não foi isso que ele fez por nós? Com certeza! Cada um de nós tem um Demolidor, mas também temos uma bacia. É possível que tenhamos sido feridos, quem sabe com chagas profundas, mas será que sabemos que fomos perdoados antes que essas feridas surgissem? Antes de sabermos que precisávamos da graça, ela já nos foi dada.

O céu deve ter um armazém que possui fileiras e mais fileiras de bacias de cerâmica. Cada bacia tem um nome escrito nela. Uma delas, que está bem gasta, tem o nome Max sobre ela. Todo dia, várias vezes por dia, Jesus ordena que um anjo a vá buscar. "Lucado precisa de outra lavagem". O anjo segue voando para o armazém e informa ao gerente. O supervisor pergunta: "Outra vez?". O anjo acena afirmativamente. Então ele a pega e traz de volta para Cristo. O Mestre pega minha bacia, enche com a graça purificadora, e lava os meus pecados. Todas as minhas traições caem como limo no fundo da bacia e Jesus as joga fora.

Já parou para pensar quantas vezes ele lava você?

Digamos que de algum modo chegasse às minhas mãos o vídeo da história dos seus pecados, contendo cada uma das suas obras contrárias, cada um de seus pensamentos traiçoeiros, cada palavra dita sem pensar. Por acaso você gostaria que eu os colocasse na tela? De jeito nenhum! Você imploraria para que eu não passasse o seu vídeo, assim como eu, , em contrapartida, suplicaria a você que não passasse o meu.

Fique tranquilo porque não tive acesso ao seu vídeo, mas conheço alguém que o assistiu e o tem em mãos: Jesus. Ele viu cada momento clandestino, sabe de todos os nossos bastidores e de todo o sarcasmo da nossa vida, e mesmo assim decidiu: "Minha graça é suficiente. Eu posso purificar essas pessoas. Lavarei todas as suas traições". É por esse motivo que temos que habitar na sala de jantar da misericórdia.

O apóstolo João anunciou essa ideia da purificação perpétua de Cristo:

> Se, porém, andamos na luz, como ele está na luz, temos comunhão uns com os outros, e o sangue de Jesus, seu Filho, nos purifica de todo pecado. (1João 1:7)

> Ele é fiel e justo para perdoar os nossos pecados e nos purificar de toda injustiça. (1João 1:9)

Cristo é o nosso purificador. Ele sabia que nossas promessas seriam quebradas como o vidro que cai. Sabia também que seríamos lançados no beco escuro da vergonha, e que esconderíamos nossa cabeça entre as pernas.

É nesse contexto que Paulo insiste para que sigamos a orientação de Jesus para sermos graciosos em vez de vingativos, fazendo isso não porque nossos Demolidores merecem a graça, mas porque fomos lavados por ela, "perdoando-se mutuamente, assim como Deus perdoou vocês em Cristo" (Efésios 4:32).

Usando a toalha e segurando a bacia, ele disse à sua igreja: "É assim que se faz!".

"Pois bem, se eu, sendo Senhor e Mestre de vocês, lavei-lhes os pés, vocês também devem lavar os pés uns dos outros. Eu lhes dei o exemplo, para que vocês façam como lhes fiz" (João 13:14-15).

De nada nos importa se os outros discutem e brigam, ou se os outros respiram vingança, ou se fazem uma lista com o nome das pessoas que as ofendem, porque já pegamos a toalha, enchemos a bacia e lavamos os pés uns dos outros.

Jesus era capaz de fazer isso porque sabia quem ele era – ele veio do céu e estava indo para o céu. E você? Sabe quem você é? Você é criatura de um Deus bom, e foi feito à sua imagem. Foi destinado à nobreza em um reino eterno. A cada batida do seu coração você se aproxima cada vez mais do céu.

Quando você tem certeza de quem você é, pode fazer o que Jesus fez. Deixe de lado a capa dos seus direitos e expectativas e tome a atitude mais corajosa: lave os pés.

Sejamos "compassivos uns para com os outros, perdoando-nos mutuamente" (Efésios 4:32).

O coração compassivo é maleável, doce, amável e receptivo; já o coração duro é frio, petrificado e inflexível. Quais dessas palavras descrevem o seu coração?

O sobrinho de um amigo meu adquiriu recentemente uma casa totalmente nova. Ele ficou muito contente porque tinha acabado de casar, tinha conseguido um novo emprego, enfim, estava iniciando uma nova vida. As coisas iam muito bem até que ele ficou sabendo que havia problemas com o alicerce da casa. O construtor descobriu um vazamento na laje, fazendo com que o encanador abrisse com o martelo pneumático um buraco imenso em um dos banheiros para alcançar o cano e fechar o vazamento. A empresa de construção precisou abrir um túnel por baixo da casa para aterrar o buraco com concreto. Esse aterramento parecia não ter fim. Um caminhão não foi suficiente, portanto, eles só terminaram o serviço esvaziando outro caminhão para encher o buraco.

Quando o dono da casa voltou do trabalho, ele não conseguia abrir a porta. Foi quando percebeu que o buraco do banheiro não tinha sido fechado. A carga dos dois caminhões de concreto não foi somente para o alicerce, mas vazou para dentro da residência. No momento em que o sobrinho do meu amigo conseguiu entrar em casa, deparou-se com os móveis cimentados ao chão, e o banheiro parecia ter sido feito para alguém que não tinha pernas. Dava para alcançar o batente do vão de uma porta de três metros de altura.

Bastou ele tirar os olhos de casa para a casa dele endurecer.

A mesma coisa pode acontecer com o nosso coração. Quero deixar bem claro que o meu propósito não é desculpar o ofensor nem ignorar sua dor. A ideia não é avaliar se você se magoou, mas o quanto você vai deixar essa mágoa endurecer seu coração, torná-lo indiferente ou drenar toda a sua alegria.

Você não acha melhor ser "compassivo, perdoando uns aos outros"?

Tente seguir esses passos:

Determine o que precisa ser perdoado. Seja específico. Limite a tristeza a alguma ofensa identificável. Não adianta achar que a pessoa foi estúpida; é melhor definir o que exatamente magoou: "Ele prometeu que não traria os problemas do trabalho para casa e que daria atenção à família".

Pergunte a si mesmo o motivo pelo qual isso o afeta tanto. Por que essa ofensa incomoda? Qual é o detalhe que magoa? Você se sente traído, ignorado, isolado? Esforce-se ao máximo para responder a essa pergunta antes de querer descontar no ofensor...

Leve essa questão para Jesus. Ele ama você mais do que qualquer pessoa. Faça com que essa mágoa seja uma oportunidade para se aproximar mais do seu Salvador. Será que isso que você passou e a falta de perdão atrapalham o seu bem-estar, ou mesmo lhe perturbam? Se sua resposta é afirmativa, caminhe em direção ao perdão. Fale com Jesus sobre a ofensa até que a ira se acalme; se ela retornar, volte a falar com ele. E, se parecer seguro, em algum momento...

Converse com o ofensor. Com a cabeça fria e a melhor das intenções, registre sua queixa. Seja específico. Não faça muito drama. Simplesmente explique o que ofendeu você e como isso o faz sentir. Você pode se expressar de uma forma parecida com essa: "Tínhamos combinado fazer de nossa casa um verdadeiro abrigo, mas depois do jantar parece que você se perde nos seus e-mails e nos seus projetos. Por causa disso, eu me sinto sozinha dentro de casa".

Se essa conversa acontece de forma respeitosa e honesta, trata-se de um passo rumo ao perdão. Não é nada fácil tocar num assunto delicado. Você está assumindo o papel de servo. Ao abordar o assunto, você dá uma chance para que o perdão aconteça e prevaleça.

O que pode acontecer? Será que a graça triunfará? Não há como garantir, mas quer isso aconteça, quer não, dê o próximo passo:

Ore pelo ofensor. Não dá para forçar a reconciliação, mas sempre existe a possibilidade de interceder. "Orem por aqueles que os perseguem" (Mateus 5:44). A oração revela todos os rancores que ainda permanecem, e não existe lugar melhor para que isso aconteça. Você está diante do trono da graça, mas acha difícil ser gracioso? Peça a Jesus para ajudar você.

Tenho ainda uma sugestão final:

Faça um enterro. Enterre a sua ofensa. Não estou falando em sepultá-la no sentido de reprimi-la. Forçar as emoções negativas para dentro do nosso espírito não traz nada de bom, mas algo maravilhoso acontece quando colocamos a lembrança em um caixão (uma caixa de sapato já resolve) e enterramos no cemitério chamado "A vida segue". Tire seu chapéu, cubra seu coração e derrame sua última lágrima. Quando a raiva surgir novamente, simplesmente diga a si mesmo: "Está na hora de caminhar com coragem para um futuro brilhante".

Há muitos anos, um homem veio conversar comigo a respeito do chefe da sua esposa. Ele passou dos limites como supervisor, exigindo horas extras sem compensar de forma adequada. O marido confrontou esse chefe, que teve em seu favor o fato de reconhecer seus erros na administração e corrigi-los.

Sua esposa o agradeceu, mas o marido continuou bravo. Ele conseguiu dar vazão ao seu desejo intenso de protegê-la, mas não conseguia perdoar o homem. Nesse ínterim, ele teve a ideia de escrever uma carta, que acabou trazendo ao meu escritório com uma caixa de fósforos (que me deixou um pouco preocupado no momento em que a vi). Essa carta estava endereçada ao ofensor e continha um relato das coisas que ele tinha feito.

Então o marido me pediu para orar e presenciar o momento em que queimaria a carta "antes que a raiva o consumisse", e foi isso que fizemos.

Convido você a fazer a mesma coisa.

O perdão é o gesto de aplicar a misericórdia que você não merece às mágoas que você igualmente não merece. Você não merece ser magoado, mas também não merece ser perdoado. Você não acha que faz sentido conceder graça às pessoas pelo simples fato de ter recebido uma graça imensa da parte de Deus?

O general Oglethorpe disse numa ocasião a John Wesley: "Eu nunca perdoo e nunca esqueço". Wesley respondeu, dizendo: "Bem, senhor, eu espero então que você nunca peque".[3]

O perdão que você recebeu não foi por conta-gotas, nem a graça que você alcançou se limitou a uma simples borrifada, muito menos lhe aplicaram uma fina camada de bondade. Você foi mergulhado no perdão, submergido na graça. Como é que pode você, com o oceano da graça dando na altura dos ombros, ser incapaz de encher um copo dela e ofertar a alegria do perdão para as outras pessoas?

No período em que estava escrevendo este livro, o mundo assistiu aterrorizado a 21 cristãos serem martirizados por causa da sua fé pelos terroristas do Estado Islâmico. Dois dentre eles eram irmãos, um com 23 e o outro com 22 anos de idade. Em uma entrevista, perguntou-se ao irmão desses dois o que sentia a respeito da perda deles. Ele disse: "O Exército Islâmico nos ajudou a fortalecer a nossa fé. Agradeço por não terem cortado o áudio quando [meus irmãos] gritaram sua declaração de fé". O repórter também perguntou o que sua mãe faria se encontrasse o membro do Exército Islâmico que matou seus filhos: "Ela disse que o convidaria a visitar nossa casa porque ele nos ajudou a entrar no reino dos céus. Foi isso que minha mãe falou."[4]

Vamos seguir esse grande exemplo!

O caminho da felicidade consiste em oferecer às pessoas a graça que você recebeu. Está na hora de seguir o exemplo de Jesus no cenáculo. Este é o momento de perdoar, do mesmo modo que Deus, em Cristo, perdoou a sua vida.

Capítulo 11

Amados para amar

> Devemos amar-nos uns aos outros.
> — 1João 4:11

Por décadas, Andrea Mosconi seguiu a mesma rotina por seis manhãs a cada semana. O maestro italiano vestia um casaco e uma gravata e se dirigia à prefeitura de Cremona, Itália; ele entrava no museu dos violinos, onde se deparava com estojos para violinos fechados a sete chaves e com alguns dos instrumentos mais valiosos do planeta, que possuem o mesmo valor para a música que a Declaração da Independência tem para a história dos Estados Unidos: tratam-se de relíquias de valor inestimável.

O museu continha dois violinos e uma viola feitos pela família Amati, dois violinos feitos pela família Guarnieri e o violino mais precioso de todos, feito pelas mãos do próprio mestre, Antonio Stradivari.

Como a maioria deles tem mais de trezentos anos, cuidados são necessários. Sem limpeza, afinação e uso, os instrumentos começam a perder a sua vitalidade. Essa é a especialidade do Sr. Mosconi. A descrição do seu trabalho se resume a duas palavras: tocar música. A cada manhã, com exceção das manhãs de domingo, ele extrai a melhor música dos melhores instrumentos.

Com cautela e respeito, ele tira cada instrumento de seu estojo de vidro, toca-o por seis ou sete minutos, depois devolve ao estojo antes de tocar o próximo. Ao final do seu dia de trabalho, o museu ouve a música mais doce, e os instrumentos mais valiosos recebem os melhores cuidados possíveis.[1]

Eu, você e o Sr. Mosconi temos uma coisa em comum. Você não vai a nenhum museu na Itália todos os dias, nem eu tenho a tarefa de cuidar de um Stradivarius. Não conservamos instrumentos musicais, mas nossa missão é bem mais importante. Temos a chance de despertar o melhor em cada pessoa. Não há nada que traga mais alegria do que isso.

Parte do seu tesouro mora com você, tem até seu sobrenome. Geralmente você os vê como aqueles que esquecem de lavar a louça ou de levar as roupas para o cesto, mas, quer saber a verdade? Eles são instrumentos bem afinados, criados pela mão de Deus, ainda que raramente você os veja dessa forma. Afinal de contas, podem estar com mau hálito ou ter a tendência de criar maus hábitos, mas, quando tratados com cuidado, podem tocar uma música excelente.

Existe também um pessoal bem útil trabalhando no seu museu que lhe informa o preço do que você compra no mercado, avalia as provas que você faz ou mede sua pressão. Eles usam uniformes de policial, ajudam a dirigir o carro em uma parte da viagem e dão uma olhada no computador quando a internet cai. São fios de tecido na trama da humanidade, com a tendência maior de se misturar do que de se destacar. Ficariam corados só de pensar em ser classificados como um Stradivarius, mas, na verdade, é isso que realmente são. São desenhados de forma exclusiva e destinados a tocar uma música especial no mundo.

Tudo o que eles precisam é de um Mosconi, uma pessoa para cuidar deles, com o compromisso de despertar-lhes o melhor. Alguém que esteja disposto a cumprir o maior dos mandamentos recíprocos: "Amar uns aos outros" (1João 4:11).

Lembre-se de que Deus nos convida a encontrar a felicidade pela porta menos usada. A maioria busca a felicidade pela porta da frente. O negócio é comprar, casar, usar ou ganhar. É a porta menos usada que adota a sabedoria de Deus: o caminho da felicidade é dá-la de presente. Não consiste em acumular, mas em conceder; não consiste em ser amado, mas em amar as pessoas.

Tenho conhecimento de pelo menos 11 ocorrências da exortação a amar-nos uns aos outros. Três são proferidas por Cristo (João 13:34; 15:12,17), três foram escritas por Paulo (Romanos 13:8; 1Tessalonicenses 3:12; 4:9), uma vem da pena de Pedro (1Pedro 1:22) e quatro foram trazidas por João (1João 3:11; 4:7,11; 2João v. 5).

A palavra grega usada para *amor* (*agape*) nessas passagens denota uma afeição altruísta.[2] O amor ágape lhe dá um cheque quando falta dinheiro na conta, perdoa o erro quando a ofensa é grave, é paciente sob uma tensão enorme e usa de bondade em casos nos quais raramente ela é exercida. "Porque Deus tanto amou [*agapaō*] o mundo que deu o seu Filho Unigênito" (João 3:16). A essência do amor *agape* é dar. A árvore *agape* tem sua raiz no solo da devoção, mas não pense em momento nenhum que o seu fruto é amargo. Existe um fruto doce de alegria esperando por aqueles que se dispuserem a cuidar desse pomar.

Você acha que esse tipo de amor é difícil de cultivar, ou que ele é raro? Se sua resposta for afirmativa, pode ser que você esteja a um passo dele. O amor pelas pessoas não começa concedendo amor, mas recebendo o amor de Cristo: "Um novo mandamento lhes dou: Amem-se uns aos outros como eu os amei" (João 13:34).

A parte final é a mais importante: "como eu os amei". Você já deixou Deus amar você? Peço que não pule apressadamente essa pergunta. Você já deixou o amor de Deus penetrar nos lugares mais íntimos da sua vida? Já conhece "[por experiência] o amor que Deus tem por nós e confia nesse amor" (1João 4:16, AMP – tradução livre)?

Se você não sabe ao certo a resposta ou acha que já faz tempo que não sente esse amor, ou mesmo não acha que Deus possa amar alguém como você, então acabamos de detectar uma dificuldade.

Não amamos as pessoas porque elas são amáveis. (Só o marido da minha mulher que é assim.) As pessoas costumam ser irritadiças, teimosas, egoístas e cruéis. Amamos as pessoas pelo motivo seguinte: por termos experimentado o amor que Deus tem por nós e confiarmos nesse amor. Recebemos um dom inesperado, imerecido, mas que não podemos negar: o amor de Deus.

Temos a tendência de pular essa etapa. "Espera-se que eu ame meu próximo? Então tá bom, vamos lá". Nós nos seguramos e redobramos nosso esforço como se houvesse dentro de nós uma fábrica de afeto: bastaria cutucar e ligar o forno para que outra garrafa de amor fosse despejada.

Isso é impossível! A fonte não está em nós. Somente recebendo o amor *agape* do nosso pai é que podemos experimentar um amor *agape* pelas pessoas.

Seja amado para depois amar. Não dá para amar sem ter sido amado primeiro. Do mesmo modo que as pessoas magoadas transmitem mágoa, as pessoas amadas transmitem amor.

Portanto, deixe Deus amar você!

Descubra a fonte mais pura da felicidade, o amor de Deus que "excede a todo o entendimento" (Efésios 3:9). Um amor que não é controlado por aquele que o recebem. Deus diz a nós o mesmo que Moisés disse a Israel: "O Senhor não se afeiçoou a vocês nem os escolheu por serem mais numerosos do que os outros povos, pois vocês eram o menor de todos os povos, mas foi porque o Senhor os amou" (Deuteronômio 7:7-8).

A razão pela qual Deus ama você é porque ele escolheu agir assim.

Ele ama você mesmo quando você não se sente uma pessoa amável, e mesmo quando ninguém mais ama você. As outras pessoas podem abandonar você, ou pedir o divórcio, ou ignorar você. Essas são as palavras dele: "Eu chamarei os sem nome e os nomearei; chamarei os desprezados e os farei amados" (Romanos 9:25, A Mensagem).

Deixe esse amor acontecer em sua vida. Deixe ele gerar a maior alegria, que é a de ser amado pelo céu.

Temos que começar desse modo. Ajeite-se na rede da afeição de Deus; enquanto faz isso, e na mesma proporção, conceda esse amor às pessoas.

Quem sabe alguns nomes de pessoas que não lhe pareçam amáveis venham à sua mente. Talvez tenha passado uma década cultivando um preconceito teimoso contra alguém ou cultivando algum rancor ou alguma cisma particular.

Prepare-se para uma nova fase. Enquanto Deus age dentro de você e o usa como instrumento do seu amor, essas animosidades antigas e cercas de arame farpado vão sendo derrubadas. Esse é o caminho da felicidade. Deus não deixará você viver nutrindo seu ódio e seus preconceitos antigos. Lembre-se: "Portanto, se alguém está em Cristo, é nova criação. As coisas antigas já passaram; eis que surgiram coisas novas!" (2Coríntios 5:17).

Enquanto o amor de Deus flui através de você, você verá as pessoas de uma maneira diferente. "De agora em diante, a ninguém mais consideramos do ponto de vista humano" (2Coríntios 5:16).

Deus habita dentro de você. Quem sabe você tem dificuldade em amar os moradores de rua. Deus pode amá-los através de você. Talvez seus amigos o ensinaram a importunar os fracos ou a xingar os ricos.

Deus fará brotar uma nova atitude em seu coração, porque agora você é a casa dele.

Você deixará de ver a mulher no caixa do mercado como uma simples funcionária, e perceberá que ela foi criada de uma forma incrível e maravilhosa. Seu marido na mesa do café deixará de ser um camarada que precisa fazer a barba e passará a ser percebido como criação de Deus, destinado a uma missão celestial. Aquela pessoa que mora na sua rua deixará de ser uma pessoa que esquece de cortar a grama para ser alguém feito à imagem de Deus.

Deus fará brotar em seu coração uma admiração por essa família tão diversificada. O egoísmo deseja um mundo uniforme, no qual todos possuem a mesma aparência e agem da mesma forma. Deus ama uma criação diferenciada. "Somos criação de Deus" (Efésios 2:10). A palavra "criação" vem da palavra grega *poiéma*, que pode ser traduzida como poema.[3] Somos o poema de Deus! Nosso Criador fez conosco a mesma coisa que Drummond fez com caneta e papel. Somos a melhor expressão da sua criatividade.

Note que nós somos o poema dele — não somente eu, nem somente você. Somos poema de Deus juntos! Quando nos tornamos independentes, não passamos de pequenas partes da página de Deus. Você pode ser um verbo, ela pode ser um substantivo e eu posso ser um ponto de interrogação. Somos apenas letras, marcas da mão de Deus.

Então, que direito tem uma letra de criticar a outra? Será que a letra *p* acusa a letra *q* de ser o seu oposto? Ou a letra *m* zomba da letra *w* por ter a mente aberta demais? Quem somos nós para dizer a alguém como ou quando devemos ser escritos? Quando estamos sozinhos, não passamos de letras sobre a página, mas de forma coletiva passamos a constituir uma poesia.

O amor *agape* encontra beleza na colcha de retalhos da humanidade, que se compõe de pensadores lógicos e de adoradores emocionais, de líderes dinâmicos e de seguidores gentis, de pessoas sociáveis que saúdam, de estudiosos que refletem, de pessoas generosas que pagam as contas. Quando nos afastamos uns dos outros não parecemos ter sentido, mas quando estamos juntos "somos criação de Deus" (Efésios 2:10).

Imagine a alegria que descobrirá quando aprender a enxergá-la nas pessoas. (Com certeza você conseguirá, elas estão por todo o lado!). A vida perderá o aspecto de obrigação e se parecerá mais com um passeio na galeria de arte de Deus.

Ontem mesmo, quando dei por mim, estava dividindo um carro de golfe com um desconhecido que tinha mais de sessenta anos de idade. Acabamos indo para o mesmo campo plano, com a esperança de aproveitar o céu azul e acertar o buraco no número certo de tacadas uma ou duas vezes. Enquanto falava da sua vida, percebi que ele tinha tudo para ser uma pessoa bem triste. Ele teve enxaqueca por vinte anos, enfrentou um divórcio, não consegue parar em nenhum emprego e teve que mudar de casa pelo menos uma vez por ano na última década.

Pela conversa, parecia que ele tinha passado a vida inteira dançando com a Dorothy pela estrada de tijolos amarelos. Seu golfe era péssimo porque sua tacada não era muito firme, mas a sua alegria era contagiante. Passei o jogo todo sorrindo, nas tacadas fáceis e nas difíceis. Tive que lhe perguntar: "Como você consegue sorrir tanto, mesmo tendo passado por tantos momentos difíceis?".

Seus olhos brilhavam enquanto me respondeu: "Tenho a oportunidade de conhecer muitas pessoas pelo caminho. Cada uma delas tem uma história para contar. Não dá para deixar de amar um mundo como esse, tão cheio de histórias".

Esse homem realmente conhece o caminho para a felicidade!

Vamos convidar o nosso Pai para despertar a mesma fascinação em nosso coração. Pense nisso: se cada pessoa é um motivo de alegria, temos sete bilhões de motivos para sorrir.

Lembre-se que estamos sempre em obras. Ninguém julgaria o vinho de uma vinícola logo depois de comer uma de suas uvas, nem daria nenhuma opinião sobre a obra de um artista depois da primeira pincelada. É preciso dar tempo para a vinha crescer e para o artista terminar sua obra.

Faça a mesma coisa com Deus. Ele ainda tem muito a fazer, e algumas de suas obras – na verdade, alguns de nós – precisam de uma atenção maior. Confira a dica do apóstolo Paulo, que disse a alguns amigos:

> "Estou convencido de que aquele que começou boa obra em vocês vai completá-la até o dia de Cristo Jesus." (Filipenses 1:6)

Deus ainda não terminou a sua obra. Deixe as uvas amadurecerem, ou dê algum tempo para o artista. Elogie cada melhoria que você observar. Seja como um líder de torcida que desperta o melhor em cada um, não como o crítico que destaca os outros detalhes. Esse tipo de relacionamento lhe trará muitas alegrias, e a eles também.

Assuma sua função de Sr. Mosconi. Veja o seu mundo como um museu de tesouros divinos. Veja a si mesmo como uma pessoa que cuida deles. Você existe para tocar a melhor música com esses instrumentos. Mosconi tem um armário cheio de ferramentas: breu, óleos e arcos para violino. Você também tem um baú de ferramentas: palavras de encorajamento, uma palavra de exortação, uma saudação calorosa, um perdão verdadeiro. Você passa a resina exercendo as virtudes da paciência, da bondade e do altruísmo, e faz todo o possível para despertar o que há de melhor nas pessoas.

Sabe por quê? Porque dessa maneira o próprio Deus desperta o que há de melhor em você. Pouco a pouco, dia após dia, de glória em glória, Deus faz de você uma pessoa cada vez melhor. Não dê lugar a esse comitê minúsculo de pensamentos negativos que o faz ficar à beira do caminho. Quem sabe você teve uma desilusão amorosa. Isso não tem importância. Deus dá uma segunda chance. Quem sabe todos achem que você é insuportável. Não tem problema: Deus pode mudar tudo isso. Ele pode transformar sua vida. Ele não desiste de você, então nunca desista de si mesmo.

Uma noite dessas, tive que cuidar da minha neta. Os pais da Rosie tinham um compromisso e minha esposa tinha viajado, então tive um encontro especial com a minha queridinha de dois anos e meio de idade. Nós nos divertimos bastante. Ela colocou um vestido de noiva, e comemos anéis de cereal com mel sem colocar leite. Dançamos várias músicas da Disney e, para completar, andamos até o portão da casa no escuro.

Essa caminhada leva dez minutos. Para Rosie, essa viagem parece uma aventura como a dos bandeirantes. No início da caminhada, ela levantou a mão como um guarda no cruzamento alertando uma pessoa para não atravessar a rua de forma inadequada. "Fique bem quietinho, vovô Max, que eu vou até lá sozinha".

Parei por um momento e fui acompanhando a menina, mantendo a distância suficiente para ela achar que estava indo sozinha. Eu e você sabemos que nunca a deixaria caminhar sozinha até o portão, ainda mais às nove horas da noite.

Depois de alguns passos, parou e olhou à sua volta. Parece que ela ouviu o barulho das folhas, ou as sombras se mexendo pelo caminho. Não sei por que ela parou, mas eu estava bem perto para observar o que ela estava fazendo, o suficiente para ouvi-la dizer: "Vovô Max?!".

Em dois segundos, lá estava eu ao lado dela. Ela olhou para mim e sorriu, dizendo: "Você vem comigo?". Andamos o resto do caminho de mãos dadas.

Nós, pregadores, temos a tendência de complicar demais a explicação do amor de Deus. Teimamos em colocar palavras difíceis e pensamentos teológicos, enquanto o melhor exemplo poderia ser algo como a Rosie andando no escuro, gritando por socorro, e o vovô correndo ao seu encontro para ajudá-la.

O seu pai só está a alguns passos de você, meu amigo; nessa jornada da vida e do amor, quando a noite causa mais medo do que fé, quando você acha impossível amar as pessoas que são difíceis de amar, simplesmente pare tudo e clame pelo nome dele. Ele está mais perto do que você pensa, e não tem a mínima intenção de deixar você andar pelo caminho sem lhe dar nenhum auxílio.

Conclusão

Próximo passo: o desafio da felicidade

O momento mais especial da história do futebol americano da Universidade do Sul da Califórnia não inclui o levantamento de algum troféu ou o mergulho de um touchdown. Na minha opinião, o acontecimento que merece um lugar no Hall da Fama não se trata de nenhum passe que trouxe a vitória, nem de nenhum técnico com o estômago cheio de isotônico. Se eu tivesse uma chance de ficar de pé na linha lateral e assistir a algum momento da história do time que começou em 1880, com certeza eu escolheria o jogo contra a Western Michigan.

Faltando três minutos e quinze segundos para o término do jogo, a USC interceptou um passe, conseguindo rapidamente um touchdown que a levou a uma vitória robusta com o placar de 48 a 31. Alguns dos 61.125 torcedores começaram a deixar o Los Angeles Memorial Coliseum. Parecia que o restante do jogo seria só para cumprir uma formalidade.

Foi nesse momento que o técnico Clay Helton gritou para o estudante do segundo ano de camiseta vermelha Jake Olson entrar no campo a tempo de dar o passe por entre as pernas para posicionar o chute do ponto extra.

O que torna o momento histórico e inesquecível não é o fato de que ele tinha acabado de sair do banco de reservas. O que chamou a atenção de todos os presentes é que o jogador era cego. Isso mesmo! Jake Olson desfilou em um campo que, para ele, estava envolto na escuridão da meia-noite. Não tinha como ver os rostos sorridentes dos seus companheiros Trojans que se amontoavam, nem dava para ver a fileira de jogadores na linha lateral, todos de pé assistindo. Muito menos podia enxergar os técnicos de olhos marejados e de garganta apertada por saber que estavam para testemunhar a realização de um sonho.

A jornada que levou Jake Olson a esse jogo começou quando ele tinha onze meses de idade, quando perdeu o olho esquerdo por causa de um câncer na retina. Esse câncer voltou quando ele tinha doze anos. Os médicos decidiram que a melhor maneira de controlar o câncer seria extrair também o olho direito.

Naquela época, Pete Carroll era o técnico principal da USC. Um amigo em comum da família Olson lhe contou sobre um garoto que sempre torceu para os Trojans e que estava quase perdendo a visão. Ele se empenhou para proporcionar momentos memoráveis para Jake: conseguiu que ele visse os jogadores, participasse dos alinhamentos antes e depois do treino, segurasse a espada do líder da banda tradicional e conduzisse a banda depois de um jogo. Ele até viajou para Notre Dame com o time.

Então veio a escuridão.

No dia em que teve saúde suficiente depois da cirurgia para visitar os jogadores durante o treino, ele foi recebido como se tivesse ganho o troféu de melhor jogador.

Quando Carroll foi contratado pelo Seattle Seahawks, ele convidou Olson para acompanhar o time ao lado do campo para assistir ao jogo. Foi nessa ocasião que o bloqueador central do time perguntou a Olson se ele já tinha tentado fazer um lance conhecido como *Deep Snap*. A cegueira impedia Olson de fazer um lançamento, tomar a bola, fazer o bloqueio ou receber um passe, mas era possível passar a bola por entre as pernas e colocá-la em posição para que alguém viesse correndo por sete metros e chutasse. Olson aprendeu a fazer isso. O seu sonho era jogar pelo menos em um dos jogos da USC.

Para que isso se tornasse realidade, era preciso que os técnicos dos dois times conversassem. A equipe da Western Michigan concordou em não derrubar Olson sobre o defensor que viesse correndo e a equipe técnica da USC concordou em colocar Olson no jogo somente depois que estivesse decidido a favor de um dos times. A escola recebeu a permissão da Conferência Pacific-12 para fazer isso. Jake colocou o uniforme e aguardou pela sua oportunidade.

Pela maior parte do jogo, não se sabia ao certo se Olson teria a chance de jogar. O placar estava empatado em 14-14 no meio do jogo e o empate persistia no final do terceiro quarto em 21-21. Faltando seis minutos para o final, os times continuavam empatados em 28-28, mas a USC teve uma boa sequência de três touchdowns, garantindo a vitória.

O técnico Helton pediu tempo. Olson treinou o lance algumas vezes. Enquanto aquecia, Helton acenou para o técnico do Western Michigan que, por sua vez, acenou para o seu time. O oficial, ciente do que foi combinado, encontrou a bola, deu uma leve batida nas costas de Olson, deixou o caminho livre para ele e apitou para iniciar a jogada.

Naquele instante, não havia adversários, nem lados opostos, nem vencedores, nem perdedores. Só havia um jogador buscando a superação de uma deficiência imensa, e todos estavam torcendo por ele.

Esse jogo não passou de um entre os milhares da história do futebol americano universitário, mas esse momento foi um em um milhão. Na hora certa, Olson passou a bola por entre as pernas em um movimento espiralado. A bola foi bem colocada, o chute valeu e todos seus colegas de time partiram para cima de Jake para comemorar.

Possivelmente, esse foi o ponto extra mais importante da história dos Trojans.[1]

Como gostamos de histórias como essa! Qual é a palavra que define a maneira como momentos assim nos fazem sentir? Com certeza nos vem à mente a palavra "felicidade".

Olha que nem mesmo estávamos lá. Eu não estava na arquibancada, e é pouco provável que você estivesse no estádio. Não vimos o lance nem testemunhamos o chute, mas só ler sobre esse momento nos traz alegria.

A felicidade tem lugar para brotar quando a humanidade deixa por um instante de pensar em si mesma para ajudar as pessoas a ter um momento especial.

Felizmente podemos multiplicar esses momentos a qualquer hora do dia e em qualquer lugar do planeta. Sempre que quiser ter um banho de alegria, ou se cansar das tarefas do dia a dia, tente fazer isso: sirva a alguém, dê uma saudação, dê o seu lugar para outra pessoa sentar, escute o que alguém tem a dizer, ajude alguém financeiramente, escreva uma carta, invista o melhor do seu tempo, dos seus conselhos e do seu coração.

Enfim, faça alguém feliz!

"Mais bem-aventurada coisa é dar do que receber" (Atos 20:35).

É melhor perdoar do que guardar rancor. Melhor construir do que destruir. Melhor incluir do que excluir. Melhor procurar entender do que ignorar.Melhor amar do que odiar.

A solução de Deus para os males da sociedade é um esquadrão de pessoas altruístas que doam de si mesmas e amam a Deus, que passam pelos bairros e pelas empresas purificando o ambiente, promovendo o bem e descartando o mal. Eles vêm de todas as partes do mundo, com todos os tons de pele: liberais, conservadores, rurais, metropolitanos, jovens e velhos. No entanto, têm como traço de união essa descoberta incrível: só se encontra a felicidade quando a damos de presente.

Quem dá o presente fica muito mais feliz do que quem recebe.

Não vejo pessoa mais indicada para lhe dizer isso que o Albert. Ele trabalha como carteiro em Waco, Texas. Ele entrega a correspondência todos os dias na loja de móveis na qual minha filha Sara trabalhava. A loja estava fazendo um grande sucesso! Como era uma *startup*, a agitação era uma constante. Todos estavam aprendendo o sistema ao mesmo tempo. Os empregados passavam o dia todo em pé. Era um lugar bem tenso.

É por isso que todos gostavam muito do Albert. Sara descreve a chegada dele como a melhor hora do dia, o verdadeiro ponto alto do expediente. Ela lembra que ele perguntava a todas as pessoas como elas estavam. Olhava-as nos olhos e dizia: "Deus te abençoe!".

Albert não se limitava a entregar correspondência, ele levava a felicidade!

Gostaria de desafiá-lo a fazer o mesmo. A minha ideia é essa: esforce-se para transmitir alegria a cem pessoas durante os próximos quarenta dias. Coloque em prática as passagens com as palavras "uns aos outros". Ore por elas, seja voluntário, pratique a paciência e desperte o que há de melhor nelas. Registre em um diário a descrição de cada encontro e o que você fez em cada um deles. Anote esse momento, descrevendo a situação e o que aprendeu com ela.

Será que isso o transformará como pessoa?

Claro que sim, porque isso aconteceu comigo. Aceitei esse desafio enquanto estava escrevendo este livro. A experiência foi duas vezes mais difícil do que imaginava, mas acabou sendo cem vezes mais gratificante do que todas as minhas expectativas.

Confira esse registro típico do meu diário:

> O avião que partiria de Minneapolis se atrasou por duas horas. A atendente do portão anunciou aos passageiros no saguão o motivo: atraso da tripulação. Os comissários de bordo só chegaram perto da hora de dormir. Eles estavam cansados por causa do voo anterior e ficaram bem envergonhados quando passaram pela multidão de rostos fechados dos passageiros. Uma pessoa, de tão insatisfeita, chegou a ponto de vaiá-los.
> A desordem continuou após o embarque. Não havia espaço suficiente para a bagagem de mão, porque não havia lugar para tantos casacos, portanto, precisei colocar minha bagagem a uma distância bem grande de onde fiquei sentado. Ao chegar no meu assento, suspirei aflito, mas me lembrei do desafio das cem pessoas felizes. Depois de meia hora de voo, tive a oportunidade de agradecer à aeromoça pelo modo profissional com o qual ela lidou com o atraso. Ela agradeceu pela minha expressão de gratidão, mas achei que poderia fazer mais do que isso. No meio da viagem, eu me levantei e me dirigi até o seu local de trabalho:
> "Gostaria de dar novamente o meu muito obrigado pelo seu trabalho."
> Dessa vez, ela deu uma pausa no que estava fazendo. Ela confessou, com os olhos cheios d'água: "Estava precisando ouvir isso em um dia cansativo como esse".

PRÓXIMO PASSO: O DESAFIO DA FELICIDADE

O que você acha de aceitar o desafio da felicidade?

Todo mundo vai para o trabalho com um olhar carrancudo e uma lista de coisas para fazer. É lógico que você precisa dar conta das suas responsabilidades, mas leve também em conta sua nova missão procurando ao seu redor por uma pessoa para ajudar, para encorajar ou para levar um pouco de luz.

Quem sabe seja a pessoa que acabou de entrar na empresa e ocupa aquele cubículo no final da sala, ou mesmo o vizinho cujo cachorrinho invade seu jardim, ou também sua professora, por incrível que pareça! Até mesmo aquela que chupa limão no café da manhã e devora os alunos no almoço. A maioria a ignora, mas você não. Você se desdobra para melhorar o seu ânimo, para fazer com que ela tenha um dia melhor, para a cumprimentar sempre, para entendê-la e para agradecer pelo seu trabalho. Será que se você tentar fazer isso haverá alguma diferença?

Pode ter certeza de que seu ano letivo terminará com uma ótima surpresa!

Você passará a ser o caminhão de sorvete do seu mundo. Tinha um deles que sempre passava pelo bairro quando eu era pequeno. Até hoje, cinquenta anos depois, quando uma banda toca *When the saints go marching in*, me dá água na boca e eu procuro por uma moeda no bolso. Eu sabia exatamente o que fazer quando ouvia essa música tocando.

Não era só eu que ia atrás do caminhão. Os meninos vinham de todo lado: dos parquinhos, dos quintais e dos pátios das escolas. As casas despejavam crianças do mesmo modo que o metrô despeja passageiros. Eles vinham de bicicleta, de patinete, ou simplesmente saíam correndo como malucos. Afinal, o caminhão de sorvete tinha acabado de chegar ao bairro.

Seja como esse caminhão de sorvete. Seja alguém que as pessoas tenham prazer em ver. Seja a voz que as pessoas desejam ouvir. Dirija o caminhão da felicidade.

Você verá que o maior sorriso virá da sua própria boca.

Perguntas para reflexão

PREPARADAS POR ANDREA LUCADO

CAPÍTULO 1 – A PORTA DA ALEGRIA INESPERADA

1. Qual é a sua definição de felicidade? Quais são as palavras, os sentimentos ou as imagens que lhe vêm à mente quando você pensa sobre ela?
2. Descreva um momento de felicidade em sua vida. O que fez dele um momento feliz?
3. Identifique uma época triste da sua vida. Por que você classifica esses momentos como infelizes?
4. Avalie o seu nível de felicidade. Você é feliz quase todos os dias, só por alguns dias, ou é difícil ter um dia feliz? Por quê? Qual é a sua principal fonte de alegria ou de tristeza?
5. Max escreve: "Em todo o planeta, as pessoas declaram que o seu objetivo mais valioso é a felicidade". Esse é o seu caso? Justifique.

6. Max descreve "a porta da frente da felicidade" como algo que os anunciantes vendem: riqueza, aparência, sexo e propriedades.
   - Em que promessas anunciadas de felicidade você acreditou no passado?
   - Essas promessas se cumpriram conforme o desejado? Justifique.
   - Que promessas anunciadas você busca atualmente?
   - Elas cumprem o que prometem? Justifique.
   - Como sua busca pelas promessas anunciadas de felicidade foram mudando ao longo da vida – desde a infância, por toda a adolescência e até a idade adulta?

7. Complete: a frase no cartaz da porta da frente da felicidade é: "O caminho da felicidade é _____". A frase na porta menos usada da felicidade é: "O caminho da felicidade é _____".
   - Qual foi sua reação quando leu a frase da porta menos usada?
   - Você concorda com ela? Justifique.

8. Perto do final do livro de Atos, Paulo se despediu da igreja de Éfeso "lembrando as palavras do próprio Senhor Jesus, que disse: 'Há maior felicidade em dar do que em receber'" (Atos 20:35). A vida cristã é cheia de paradoxos como esse. Leia Mateus 5:1-12. A palavra traduzida como "bem-aventurados" também pode ser traduzida como "felizes". Levando isso em conta, responda às perguntas seguintes:
   - De acordo com Jesus, quem são as pessoas felizes?
   - O que essa passagem nos diz sobre a ideia de Deus com relação à felicidade em contraposição à ideia do mundo?

- Você já conheceu alguém que não tinha o que é preciso para ser feliz segundo os padrões do mundo – riqueza, prestígio ou beleza – e mesmo assim era feliz?
- Por que você acha que esse homem ou essa mulher era tão feliz?
- Como o convívio com essa pessoa influenciou você?

9. Max destaca que a Bíblia descreve Jesus como uma pessoa alegre, o tipo de pessoa com a qual os outros gostavam de estar e o tipo de pessoa que sempre estava disposta a participar de uma festa.
    - Sempre descrevemos Jesus como sábio, verdadeiro, sacrificial e amável, mas em algum momento você o descreveu como feliz, uma pessoa que sorria, ria ou gostava de ir a festas?
    - Como você reage à ideia de Jesus ser feliz, frequentando festas, sorrindo e rindo? Você se sente confortável com ela? Justifique.
    - O que deixava Jesus feliz?

10. Complete: Para encontrar a felicidade verdadeira, nós temos que _____.

11. Max relaciona dez versículos que contêm as palavras "uns aos outros" que podem nos ensinar como presentear as pessoas com a felicidade e, em virtude disso, experimentá-la em nossa própria vida.

    Incentivem-se uns aos outros (1 Tessalonicenses 5:11).
    Apoiem-se uns aos outros (Efésios 4:2).
    Considerem os outros superiores a si mesmos (Filipenses 2:3).
    Saúdem uns aos outros (Romanos 16:16).

Orem uns pelos outros (Tiago 5:16).

Sirvam uns aos outros (Gálatas 5:13).

Aceitem-se uns aos outros (Romanos 15:7).

Aconselhem-se uns aos outros (Colossenses 3:16).

Perdoem uns aos outros (Efésios 4:32).

Amem-se uns aos outros (1João 3:11).

- Dentre esses dez versículos sobre a reciprocidade, qual deles você acha que pratica melhor?
- A qual deles você acha que precisa se dedicar mais para obedecer?
- Onde você mais gostaria de presenciar o início de uma revolução silenciosa de amor – em casa, na sua comunidade, no seu ambiente de trabalho ou no seu país? Identifique qual versículo com as palavras "uns aos outros" você poderia usar para ajudar a dar início a essa revolução silenciosa?

CAPÍTULO 2 – BATE AQUI, ROCHA!

1. Em 1Tessalonicenses 5:9-11, ao se dirigir à igreja de Tessalônica, Paulo escreveu: "Porque Deus não nos destinou para a ira, mas para recebermos a salvação por meio de nosso Senhor Jesus Cristo. Ele morreu por nós para que, quer estejamos acordados, quer dormindo, vivamos unidos a ele. Por isso, exortem-se e edifiquem-se uns aos outros, como de fato vocês estão fazendo".

    - De acordo com essa passagem, por que encorajamos e edificamos uns aos outros?
    - Qual é a diferença, se houver, entre encorajar uns aos outros e encorajar uns aos outros em Cristo?

2. A palavra grega para encorajamento é *parakaléo*.¹
   - O que a palavra *para* significa no grego, e o que significa o verbo *kaléo*?
   - Com base nesses significados, como Jesus deseja que encorajemos as pessoas?

3. Jesus exemplificou esse tipo de encorajamento quando Pedro disse que acreditava que Jesus era o filho do Deus vivo.
   - Como Jesus reagiu a Pedro em Mateus 16:17?
   - Como você se sentiria se Jesus o encorajasse dessa forma?

4. Max cita um estudo que descobriu que "Os lares saudáveis desfrutam de uma proporção positivo-negativa da ordem de 5 para 1" (p. x).
   - Que proporção você estima que haja entre os comentários positivos e negativos na sua casa, no seu ambiente de trabalho ou no seu círculo de amizades?
   - Se você tem a tendência de ouvir ou de fazer mais comentários negativos, por que acha que isso acontece?
   - Se você tem a tendência de ouvir ou de fazer mais comentários positivos, por que acha que isso acontece?

5. Em que área da sua vida você passou por uma "conspiração de desânimo"? Nas redes sociais? No noticiário? Com sua família, amigos ou igreja?
   - Como esse desânimo influenciou você pessoalmente?
   - Como ele influenciou o modo pelo qual você vê o mundo e as pessoas?

6. Examine os versículos seguintes: 2Coríntios 12:9; Gálatas 4:7; Efésios 1:7; 1Pedro 2:9.
   - O que esses versículos dizem sobre a nossa identidade em Cristo?
   - Como esses princípios podem ajudar você a vencer a conspiração de desânimo?
   - Em qual deles você precisa se concentrar para encorajar a si mesmo hoje?
   - Qual deles você poderia usar para encorajar outras pessoas?

7. Max relaciona duas maneiras pelas quais podemos "despertar a Rocha" dentro das pessoas (p. x). Em primeiro lugar, devemos ouvir de modo intencional.
   - Como ouvir alguém pode ser encorajador?
   - Como você acha que a mulher com fluxo de sangue em Marcos 5:33 se sentiu quando contou o que se passou com ela para Jesus e ele a escutou?
   - Quando um amigo desabafa com você, qual é a sua reação? Você tem a tendência de falar ou escuta primeiro? Por que você reage dessa maneira?
   - Quando foi a última vez que alguém o ouviu de modo intencional?
   - Cite uma pessoa que você poderia encorajar ouvindo-a de forma intencional.

8. A próxima maneira de encorajar uns aos outros é elogiar de modo abundante.
   - A palavra grega para "encorajamento" que estudamos anteriormente, *parakaléo*, aparece 110 vezes no Novo Testamento. O que o uso frequente dessa palavra indica sobre a instrução de elogiar uns aos outros?

PERGUNTAS PARA REFLEXÃO

- Como você se sente quando recebe palavras de encorajamento? Isso lhe traz prazer ou desconforto? Por que você acha que reage dessa forma?
- Como você se sente a respeito da sugestão de Max sobre telefonar para um amigo simplesmente para encorajá-lo? Essa reação seria natural para você? Como você se sentiria se alguém fizesse isso por você?

9. Max contou a história de Charles Prince, um homem em sua congregação que o encorajou em seu ministério.
    - Qual foi a influência do encorajamento de Charles na vida de Max?
    - Você tem algum Charles Prince na sua vida no momento? Se esse for o caso, quem é essa pessoa e como essa pessoa encoraja você?
    - Você já teve algum Charles Prince no passado? Como essa pessoa encorajava você?

10. Escolha uma pessoa para encorajar nesta semana de modo que desperte a Rocha dentro dela.
    - Como você encorajará essa pessoa? Ouvindo de forma intencional? Elogiando de modo abundante?
    - Observe como você se sente depois dessa experiência. O ato de fazer alguém feliz através do encorajamento bíblico também lhe trouxe alegria?

CAPÍTULO 3 – DEIXE AS CISMAS DE LADO

1. Quais são as suas maiores cismas particulares? Justifique. Você cultiva essas cismas há muito tempo ou elas surgiram mais recentemente?

2. A pessoa que sofre de uma cisma particular não é aquela que tem um comportamento irritante, mas a pessoa que se perturba com ele. Por acaso sua cisma particular tirou sua alegria? Se esse for o caso, descreva o que aconteceu.

3. Como você definiria a palavra *paciência*?

4. Você se considera uma pessoa paciente?
   - Em que situações você acha mais difícil ser paciente? Justifique.
   - Em que situações você acha mais fácil ser paciente? Justifique.

5. Segundo Efésios 4:1-3, como Paulo disse que reagia em todas as situações?

6. Observando outras versões e considerando o contexto dessa passagem, podemos aprender mais sobre o conceito bíblico de paciência. A versão Almeida Corrigida diz em Efésios 4:1-3: "Rogo-vos, pois, eu, o preso do Senhor, que andeis como é digno da vocação com que fostes chamados, com toda a humildade e mansidão, com longanimidade, suportando-vos uns aos outros em amor, procurando guardar a unidade do Espírito pelo vínculo da paz".

   - Qual é a palavra utilizada no lugar da palavra *paciência*?
   - Como essa tradução ajuda você a entender o sentido e o propósito da paciência?
   - Paulo se refere a si mesmo como "o preso do Senhor" não somente de modo simbólico, mas de forma literal. Ele passou um bom tempo na prisão durante o seu ministé-

rio, e os últimos dois anos da sua vida foram vividos em prisão domiciliar em Roma. Por que você acha que ele fez os leitores de sua carta se lembrarem disso enquanto falava sobre a paciência e a longanimidade?
- A longanimidade é relacionada como uma das características daqueles que são dignos da vocação de serem seguidores de Cristo. Como essa longanimidade nos faz dignos dessa vocação?
- Como vemos Jesus nos Evangelhos demonstrando paciência e longanimidade?

7. Agora, considere a versão de Phillips de Efésios 4:2: "Aceite a vida com humildade e paciência, fazendo concessões uns aos outros" (tradução livre do inglês).
   - De que modo a paciência e a humildade podem ser relacionadas?
   - Como a paciência nos ajuda a fazer concessões uns aos outros?
   - Pense sobre como é, para os outros, conviver ou ter um relacionamento com você. Relacione algumas fraquezas ou características suas que podem tirar a calma das outras pessoas.
   - Escreva sobre algum momento em que alguém fez alguma concessão para você quando você tornou o convívio mais difícil. Como essa pessoa demonstrou ser paciente com você? Como isso lhe fez sentir com relação a essa pessoa?

8. Leia Mateus 7:3-5.
   - O que Jesus disse para fazer antes de apontar o cisco no olho do seu amigo?

- Qual é o seu comportamento mais comum: tirar a trave do seu olho ou observar o cisco no olho do seu amigo? Justifique.

9. Max diz: "Examine a si mesmo antes de olhar com desprezo para os outros. Em vez de colocá-los em seu devido lugar, coloque-se no lugar deles" (p. x).
   - Pense sobre alguém que perturba você, um homem ou uma mulher que tem algum cisco no olho que você deseja desesperadamente tirar. Como você pode se colocar no lugar dessa pessoa?
   - Será que ter empatia por essa pessoa muda como você se sente a respeito do cisco que ela tem no olho?

10. Existe alguma cisma particular que você costumava ter e que agora não incomoda mais você? Se existir, qual era e como você a superou?

11. No fim deste capítulo, Max descreve as árvores à beira do rio Guadalupe. Ele diz que elas são encurvadas e, mesmo não sendo direitas, dão abrigo para as pessoas, para os animais e para os pássaros.

    - De que modo ele nos compara com essas árvores? O que você acha dessa metáfora?
    - Que cisma particular, irritação ou comportamento faz você perder a paciência?
    - De que maneira você pode ver essa "inclinação" como uma parte linda da criação de Deus, em vez de se irritar com ela?

PERGUNTAS PARA REFLEXÃO

CAPÍTULO 4 – O DOCE SOM DO SEGUNDO VIOLINO

1. Leia a história de Marta e Maria em Lucas 10:38-42. À primeira vista, com qual personagem da história você se identifica mais: com Maria, que estava aos pés de Jesus; com Marta, que estava preparando o jantar, ou com o próprio Jesus, que tinha prazer em conversar com Maria e com os outros que estavam ali reunidos? Justifique.
2. Agora leia novamente a reconstituição que Max faz dessa passagem nas páginas 46-50.
    - Ao término da leitura, você passou a se identificar com outros personagens?
    - Se esse foi o caso, quais são eles? O que motivou você a se identificar com eles?

3. Max diz que o equívoco de Marta não foi o seu trabalho, nem pedir que Maria a ajudasse, foi a sua motivação por trás de tudo isso. De acordo com Max, qual terá sido a motivação de Marta?

4. Quando você se sente tentado a impressionar? Na igreja, no trabalho, com os amigos, com a família? Que espécie de reconhecimento você deseja receber nessas situações?

5. Você concorda que as redes sociais alimentam seu desejo de aprovação e reconhecimento?
    - Como as redes sociais influenciam você nessa área?
    - Em geral, como você se sente com relação a si mesmo depois de passar algum tempo nas redes sociais?
    - Você acha que as redes sociais te deixam mais ou menos feliz? Justifique.

6. Por que motivo a aprovação das pessoas não é um bom indicador de felicidade?
   - De quem você gostaria mais de receber aprovação no momento? Justifique.
   - Que gesto e que intensidade de aprovação dessa pessoa deixariam você feliz?
   - Como você se sentiria se nunca recebesse aprovação alguma dessa pessoa?

7. Assim como nos desdobramos para as pessoas para receber seu aplauso, frequentemente queremos também nos esforçar para agradar a Deus.
   - De que modo você se esforça para receber a aprovação divina?
   - Será que existem algumas atividades ou práticas espirituais nas quais você se envolve mais por um desejo de aprovação do que pelo desejo de ter uma intimidade maior com Deus?

8. Como você reage à afirmação de que você não é o jogador mais importante nem o queridinho de Deus?
   - Será que essa ideia soa confusa para você? Você concorda ou discorda dela? Justifique.
   - Se não somos os jogadores mais importantes nem os queridinhos de Deus, o que nós somos diante dele?

9. A igreja de Corinto cometeu o erro de considerar Paulo e Apolo, seu cooperador em Cristo, mais importantes do que Deus. Diante disso, Paulo disse: "Afinal de contas, quem é Apolo? Quem é Paulo? Apenas servos por meio dos quais vocês vieram a crer, conforme o ministério que o Senhor atri-

buiu a cada um. Eu plantei, Apolo regou, mas Deus é quem fazia crescer; de modo que nem o que planta nem o que rega são alguma coisa, mas unicamente Deus, que efetua o crescimento" (1Coríntios 3:5-7).

- Segundo essa passagem, quem é mais importante?
- Quem não é importante?
- Você tem problemas para aceitar o que Paulo disse nessa passagem, ou você se identifica com ela? Explique.

10. Considere as passagens seguintes:

"Observem as aves do céu: não semeiam nem colhem nem armazenam em celeiros; contudo, o Pai celestial as alimenta. Não têm vocês muito mais valor do que elas?" (Mateus 6:26).

"Tu criaste o íntimo do meu ser
e me teceste no ventre de minha mãe.
Eu te louvo porque me fizeste de modo especial e admirável.
Tuas obras são maravilhosas!
Disso tenho plena certeza" (Salmos 139:13-14).

"Porque Deus tanto amou o mundo que deu o seu Filho Unigênito, para que todo o que nele crer não pereça, mas tenha a vida eterna. Pois Deus enviou o seu Filho ao mundo não para condenar o mundo, mas para que este fosse salvo por meio dele" (João 3:16-17).

- Como você resolve o conflito entre não ser importante, como Paulo descreveu em 1Coríntios 3:5-8, e o fato de, ao mesmo tempo, ser um filho amado por Deus?

- De que modo isso é diferente de ser elogiado ou aplaudido por Deus por nossas boas obras?
- Como ter confiança no amor de Deus poderia nos ajudar a considerar os outros mais importantes do que nós mesmos?

11. Romanos 12:15 diz: "Alegrem-se com os que se alegram". Max diz que esse é um bom modo de parar de pensar somente em si mesmo. Ele sugere como prática desse versículo ter como propósito celebrar tudo de bom que acontece com as pessoas do seu mundo pelas próximas 24 horas.
    - Você está disposto a aceitar esse desafio?
    - Como você pode comemorar de forma sincera as boas coisas que você vê que estão acontecendo para as outras pessoas?
    - Registre como essa experiência afeta seu nível de felicidade.

CAPÍTULO 5 – A BELA ARTE DE DIZER "OI"

1. No início do capítulo, Max descreve o presidente de uma empresa que decide tirar uma licença.
   - Qual motivo ele alegou para fazer isso?
   - O que estava faltando entre seus funcionários?

2. Você já trabalhou ou morou em algum lugar parecido com o que Max descreve?
   - Você era desrespeitado ou era você quem desrespeitava as pessoas?
   - Por que você acha que esse ambiente era um incentivo ao desrespeito?

PERGUNTAS PARA REFLEXÃO

3. Em suas cartas, Paulo geralmente instruía a igreja a saudar uns aos outros com um beijo. Observe os versículos seguintes:

> "Saúdem uns aos outros com beijo santo" (Romanos 16:16).
> "Saúdem-se uns aos outros com beijo santo quando se encontrarem". (1Coríntios 16:20, NCV, tradução livre).
> "Saúdem uns aos outros com beijo santo" (2Coríntios 13:12).
> "Saúdem todos os irmãos com beijo santo" (1Tessalonicenses 5:26).
> "Saúdem uns aos outros com beijo de santo amor" (1Pedro 5:14).

4. Na cultura da época, esse tipo de saudação era reservado para amigos chegados, para a família e para as pessoas que mereciam respeito.
   - Como você saúda os seus familiares, os amigos próximos e as pessoas que você respeita?
   - Esse modo é diferente daquele que você saúda as outras pessoas? Se for, por que você as saúda de modo diferente?

5. A carta de Paulo à igreja romana abordava questões sérias dentro da comunidade, bem como questões teológicas profundas. Por causa disso, parece estranho Paulo reservar algum tempo para incluir a instrução de saudar uns aos outros com um beijo santo (Romanos 16:16). Por que você acha que Paulo acrescentou isso à sua carta?

6. Dê um exemplo do que você acha ser uma demonstração de respeito.
   - Que aspectos desse cenário demonstram respeito?
   - Por que respeitar uns aos outros é importante?

7. Demonstrar respeito pelos outros é fácil quando você verdadeiramente os respeita, mas como você pode tratar alguém com respeito se você não respeita essa pessoa de fato? Você acha que somos chamados para respeitar todas as pessoas? Justifique.

8. Vemos exemplos de saudar as pessoas com um beijo já em Gênesis 33, quando os irmãos Jacó e Esaú se reencontraram. Jacó e Esaú tiveram uma história conturbada. Jacó tinha enganado seu pai, Isaque, para abençoá-lo em vez de Esaú, que, como primogênito, devia ter recebido essa bênção. Esaú ficou tão zangado que quis matar Jacó, razão pela qual este fugiu (Gênesis 27). Os irmãos ficaram afastados por muitos anos.

> Por fim, quando eles se reencontraram, a atitude de Esaú mudou completamente. A Bíblia diz: "Mas Esaú correu ao encontro de Jacó e abraçou-se ao seu pescoço, e o beijou. E eles choraram" (Gênesis 33:4).
>
> Esaú não somente saudou seu irmão com um beijo – um sinal de respeito –, como também "abraçou-se ao seu pescoço". Leia Gênesis 33:1-16.

- De que maneira Jacó reagiu à demonstração de amor, respeito e afeto da parte de Esaú?
- Por que você acha que Esaú teve a capacidade de demonstrar respeito por Jacó mesmo depois de Jacó tê-lo desrespeitado?
- Como essa história pode encorajá-lo a respeitar alguém que é difícil de respeitar?

- Como você saudará esse homem ou essa mulher na próxima vez que o/a encontrar? O que você pode fazer para garantir que tratará todas as pessoas da mesma maneira?

9. Na história do condenado que tinha acabado de sair da prisão e do prefeito, como o prefeito saudou o ex-detento?
    - Como essa saudação impactou a vida desse homem?
    - Houve alguma ocasião em que alguém lhe tratou com respeito de forma inesperada? Como isso comoveu você?

10. Leia Romanos 16:1-6.
    - O que há de especial nessa lista de pessoas que Paulo saudou?
    - O que essa lista tem a dizer sobre quem devemos saudar?

11. Pense sobre o que aconteceu ontem.
    - Onde você esteve?
    - Com quem você conversou?
    - Por acaso você deixou de saudar alguém no trabalho ou em uma loja ou mesmo em sua própria casa? Por que você não saudou essa pessoa?

12. Agora, pense no dia que tem pela frente.
    - Como você poderia quebrar a rotina para saudar uma pessoa com a qual não tem o costume de falar?
    - Como isso pode trazer felicidade a essa pessoa – e para a sua vida?

CAPÍTULO 6 – A POSTURA PODEROSA

1. Oração intercessória é o ato de orar em favor de outra pessoa.

- Você costuma orar pelos outros todos os dias? Justifique.
- Você acredita que a oração intercessória possa ser benéfica? Justifique.
- Você já orou por alguém e teve sua oração respondida da maneira como pediu? Como você se sentiu quando isso aconteceu?
- Você já orou por alguém e não teve sua oração respondida da maneira como pediu? Como você se sentiu quando isso aconteceu?

2. Leia Gênesis 18:16-33.
   - Como você qualificaria Abraão nessa passagem: corajoso, louco, audacioso, ingênuo?
   - Por que Abraão barganhou com Deus para salvar Sodoma?

3. Gênesis 18:16-33 é o primeiro exemplo das Escrituras de um ser humano pedindo para Deus reconsiderar seus planos.
   - Como Deus reagiu aos apelos de Abraão?
   - O que isso mostra para você a respeito de Deus?
   - O que isso mostra para você sobre o poder de orar uns pelos outros?

4. Quem sabe seja mais fácil acreditar que Deus escute a alguém como Abraão, o pai da nação israelita, do que acreditar que Deus nos escute. Você já achou difícil acreditar que Deus escute suas orações? Justifique.

5. Leia Mateus 8:5-13.
   - Por que Jesus curou o servo do centurião?

PERGUNTAS PARA REFLEXÃO

- Em que a resposta de Jesus ao centurião se parece com a resposta de Deus a Abraão?
- O que essa história revela sobre o relacionamento que Deus quer ter conosco por meio de Cristo?

6. A Bíblia diz que, em Cristo, somos filhos de Deus (1João 3:1), embaixadores de Cristo (2Coríntios 5:20) e participantes do sacerdócio santo (1Pedro 2:15). Como essas descrições influenciam a maneira como você encara o poder da sua oração?

7. Complete: "Quando oramos uns pelos outros, entramos na oficina de Deus, pegamos um martelo e o _____ a alcançar seus propósitos".
   - O que você acha da ideia de as suas orações ajudarem Deus a alcançar seus propósitos?
   - Como você harmoniza isso com o fato de que Deus é onipotente e onisciente? Veja Jeremias 32:17 e Isaías 46:9-10.

8. Medite sobre os seguintes versículos no livro de Tiago:

   "Aproximem-se de Deus, e ele se aproximará de vocês!" (4:8)
   "Quando a pessoa que crê ora, grandes coisas acontecem" (5:16, NCV, tradução livre).

A carta de Tiago foi escrita para uma comunidade de judeus cristãos durante um tempo de grande opressão. O Império Romano tinha confiscado a terra daqueles que moravam na zona rural da Palestina, forçando-os a trabalhar na terra dos aristocratas ricos que não os tratavam com justiça.[2] Os cristãos provavelmente se sentiam impotentes como minoria, porque Tiago começou sua carta com as seguintes palavras: "Meus irmãos, considerem motivo de grande alegria o fato de passarem por diversas provações" (1:2).

- Tendo esse conhecimento sobre os destinatários da carta de Tiago, por que você acha que ele os instruiu a orar?
- Existe alguma situação na sua vida diante da qual você se sente impotente?
- Se isso acontece, você já orou a respeito disso? Justifique.

9. Max cita um estudo realizado pelo Dr. Harold G. Koenig, na Universidade Duke, que chegou à conclusão de que as pessoas que oram ou pedem pela ajuda divina "lidam melhor com o estresse e desfrutam de uma qualidade de vida melhor por sentir mais esperança, são mais otimistas, costumam ter uma ocorrência menor de depressão e ansiedade, e recorrem com menos frequência ao suicídio" (p. xx).

- O que você acha sobre as conclusões desse estudo?
- Será que é esse o efeito da oração na sua vida? Em que se baseia a sua resposta?

10. De que maneira a oração intercessória pode ativar a felicidade em sua vida? Você já experimentou isso depois de orar por alguém? Se isso aconteceu, descreva essa experiência.

11. Consulte suas respostas à pergunta número 1 deste capítulo.

- Quais foram as ideias novas que o capítulo sobre a função da oração intercessória levou você a conhecer?
- Se a ideia de orar por alguém ainda é difícil para você, por que acha que isso acontece? Por acaso você se sente impotente diante da situação dessa pessoa? Ou você não

PERGUNTAS PARA REFLEXÃO

consegue confiar que Deus o ouvirá? Será que você não se acha digno de atenção?
- Dedique algum tempo para pensar sobre o que impede você de orar mais vezes pelos outros.

12. Pense em alguém em sua vida que seria beneficiado pelas suas orações. Como você se colocaria entre essa pessoa necessitada e aquele que pode suprir essa necessidade?

CAPÍTULO 7 – HORA DE SERVIR!

1. Max inicia o capítulo com uma história sobre o seu professor de escola dominical que ajudou a levá-lo a Cristo. Max descreve o professor como um "servo silencioso".
   - Você já conheceu algum servo silencioso como esse?
   - Em caso afirmativo, quem foi essa pessoa? De que forma ele ou ela impactou você?

2. De que modo os servos silenciosos são vistos na sua comunidade e na sua cultura?
   - Eles são valorizados ou ignorados?
   - Como essa atitude com relação aos servos silenciosos afeta o seu desejo de servir aos outros?

3. Em Gálatas 5:13, Paulo disse: "Irmãos, vocês foram chamados para a liberdade. Mas não usem a liberdade para dar ocasião à vontade da carne; pelo contrário, sirvam uns aos outros mediante o amor" (Gálatas 5:13). A palavra grega traduzida como "servir" nessa passagem é *douleuō*, que passa a ideia de servir como um tipo de servidão que deve obedecer e se submeter à autoridade de outra pessoa, porém, Paulo

declara a seus leitores, alguns versículos antes, que eles não eram mais servos, mas eram filhos de Deus.
- Se Paulo disse que os gálatas não eram mais servos, mas filhos de Deus, por que ele os chamou ao serviço como se fossem servos?
- Como é que a nossa liberdade pode aumentar nosso desejo de servir uns aos outros?
- Você já experimentou isso na sua vida cristã? Em caso afirmativo, como isso aconteceu?

4. Cristo veio ao mundo por meio da pessoa de Maria. Você já refletiu sobre o que a Bíblia diz a respeito dela? Justifique.

5. Leia Lucas 1:26-38.
   - O que esses versículos lhe dizem a respeito do tipo de pessoa que Maria era?
   - O que esses versículos lhe dizem sobre o tipo de pessoa que Deus usa para cumprir sua vontade ou seu propósito?
   - Por que você acha que Deus usa servos silenciosos?

6. Jesus foi um exemplo de servo por toda a sua vida, em sua morte e na sua ressurreição. Leia as passagens seguintes: Mateus 9:35-36, Marcos 8:1-10, Lucas 23:44-49, João 21:4-14.
   - Como se caracterizou o serviço de Jesus?
   - A quem Jesus serviu?
   - Com quais desses exemplos de serviço você se identifica mais? Justifique.

7. Jesus era o exemplo perfeito de servo. Ele até disse que não veio à Terra para ser servido, mas para servir (Mateus 20:28),

mas, mesmo assim, todos nós que somos ativos em nossa igreja local e em nossa fé ainda achamos difícil servir uns aos outros. Qual será o motivo?
- Que oportunidade você tem de servir às pessoas?
- Se você não estiver aproveitando essa oportunidade, o que o impede de fazer isso?

8. Descreva uma situação recente na qual você serviu a alguém.
   - De que forma você serviu a essa pessoa?
   - Como essa pessoa reagiu?
   - Como esse gesto em favor dele ou dela o fez sentir?

9. O psicólogo Bernard Rimland realizou um estudo que associou o altruísmo à felicidade.
   - Por que você acha que as pessoas altruístas são mais felizes?
   - Você já observou o seu nível de felicidade ser influenciado pelo seu nível de egoísmo? Se isso já aconteceu, descreva como foi.

10. Às vezes, não servimos porque achamos que não temos nem tempo nem energia para isso. Leia Isaías 58:10-11.
    - O que essa passagem diz que acontecerá se você se dedicar a quem tem fome e satisfizer as necessidades dos aflitos?
    - De que forma esses versículos o incentivam a servir, mesmo achando que tem pouco tempo ou força para isso?
    - Você já recebeu a ajuda ou o poder de Deus quando estava servindo a alguém, mesmo não acreditando ter os recursos suficientes?
    - Como Deus lhe ajudou?

- O que essa experiência ensinou a você sobre o papel que o serviço desempenha dentro da vida cristã?

11. O problema de algumas pessoas não é servir de menos, mas é servir demais. Jesus foi exemplo de servo, mas também foi exemplo de descanso. Leia Lucas 5:15-16.
    - Durante o ministério de Jesus, como ele equilibrou o serviço às multidões com a separação de um período de descanso?
    - Quais são os exemplos do descanso de Jesus? De que forma ele passou o tempo nessas ocasiões?
    - Como você pode incorporar na sua agenda de serviço ao próximo o hábito de Jesus de descansar e de se retirar?

12. Identifique como seu coração se sente quanto a servir.
    - Você tem alguma resistência a isso? Justifique. O que impede você? Como você pode convidar o Espírito Santo para ajudá-lo a servir as pessoas?
    - No seu caso, será que você serve tanto, a ponto de sentir-se à beira de um ataque de nervos? Que área do serviço você pode deixar de lado pelo menos por um tempo? Que tipo de descanso você pode aplicar à sua vida?

CAPÍTULO 8 – ZONAS DE DESCONFORTO

1. Você já se deparou com uma situação na qual não se sentiu aceito como você é? Em caso afirmativo, descreva como foi isso.
    - Como você lidou com essa situação?
    - O que ajudou você a passar por isso?
    - Você já viu outra pessoa não ser bem-recebida? Explique.

PERGUNTAS PARA REFLEXÃO

- Como essa experiência altera o modo como você trata as pessoas?

2. Em Lucas 5:1-11, Jesus chama Pedro, Tiago e João – três pecadores da região da Galileia – para ser seus discípulos. Alguns versículos adiante, em Lucas 5:27-28, Jesus chama Levi (também conhecido como Mateus) para ser seu discípulo.
   - Qual era a diferença de Levi com relação a Pedro, Tiago e João?
   - O que isso diz com relação à pessoa de Jesus e sobre quem ele quer que o siga?

3. Em Lucas 5:29-31, Levi organiza um banquete para Jesus e convida seus amigos.
   - Que tipo de pessoas compareceu ao banquete?
   - O que os fariseus acharam dessa festa e das pessoas que foram convidadas?
   - Qual foi a resposta de Jesus aos fariseus?

4. Leia Lucas 5:29-31 mais três vezes. A cada vez, coloque-se no lugar de cada um dos personagens da história: de Levi, dos publicanos e pecadores e dos fariseus.
   - Como Levi se sentiu nessa festa depois de ter conhecido a Jesus? Você se identifica com ele em alguma coisa ou com a sua história? Justifique.
   - Como lhe parece a cena em que publicanos ou pecadores se assentam à mesa com Jesus? Você tem alguma identificação com esses tipos de pessoas? Justifique.

5. Max diz: "Seu Levi é 'você ao contrário'". Identifique um Levi em sua vida.

- O que faz dessa pessoa ser "você ao contrário"?
- Como é conviver com ele ou com ela?

6. Em Romanos 15:7, Paulo escreveu: "Portanto, aceitem-se uns aos outros, da mesma forma como Cristo os aceitou, a fim de que vocês glorifiquem a Deus". Qual é o motivo de aceitar-nos uns aos outros?

7. A palavra grega traduzida como "aceitar" em Romanos 15:7 é *proslambanō*, que significa "receber alguém na comunhão e no coração".
   - O que essa definição lhe diz sobre como os cristãos devem aceitar uns aos outros?
   - Você já aceitou seu Levi dessa maneira? Justifique.

8. Aceitar uns aos outros pode ser confuso quando você basicamente discorda do comportamento ou das crenças da outra pessoa.
   - Você acha que somos chamados para aceitar a qualquer pessoa incondicionalmente? Justifique.
   - Qual é a diferença entre aceitar alguém e concordar com o comportamento dessa pessoa?

9. Em João 14:3, Jesus disse aos seus discípulos: "E, quando eu for e preparar um lugar, voltarei e os receberei para mim mesmo, para que, onde eu estou, vocês estejam também." (NAA). A palavra que Jesus usou para "receber" é *proslambanō*, a mesma palavra que Paulo usou em Romanos 15:7. O que isso lhe diz a respeito do modo que Jesus nos aceita?

10. Max destaca que Jesus era cheio de graça e também de verdade (João 1:14).
    - O que as palavras *graça e verdade* significam para você?
    - Como Jesus demonstrou graça e verdade na forma de tratar a mulher que foi surpreendida em adultério? (Cf. João 8:2-11).
    - Equilibrar graça e verdade é complicado. Enquanto você se esforça para aceitar as pessoas, você tem a tendência de se inclinar mais para a graça ou mais para a verdade? Justifique.

11. Leia Romanos 15:7 novamente.
    - O que aceitar uns aos outros traz para Deus?
    - Como Deus é louvado quando aceitamos uns aos outros?
    - Como isso poderia motivar você enquanto se esforça para aceitar os outros?

12. Praticar a empatia, como você fez ao ler Lucas 5:29-31 com três perspectivas diferentes, pode ajudar muito a aceitarmos uns aos outros. Max afirma que a declaração mais importante de Raleigh Washington – um pastor afrodescendente que dedicou boa parte da sua vida à reconciliação racial enquanto tentava superar as divisões raciais – é "Ajude-me a entender como você é".
    - Você já parou para imaginar como é a vida do seu Levi?
    - Que você acha de pedir ao seu Levi para lhe contar como é a vida dele?
    - Como entender o seu Levi ajudaria você a aceitá-lo?

CAPÍTULO 9 – FALE!

1. Como você reage quando é convidado "a participar do sofrimento de alguém" (p. xx)?
   - Você leva palavras de encorajamento para essa pessoa? Ouve o que ele ou ela tem a dizer? Serve a esse homem ou a essa mulher?
   - Quando você sente dor, como você quer que as pessoas reajam?

2. Alguém já lhe compartilhou sua dor, mas também expressou dúvida de que Deus pudesse aliviá-la? Em caso afirmativo, como você respondeu?
   - Alguma vez você disse a alguém que estava sofrendo e que não acreditava que Deus ajudaria você?
   - Em caso afirmativo, como essa pessoa reagiu?
   - Essa reação ajudou você? Justifique.

3. Jesus chegou quatro dias depois da morte de Lázaro, e Marta disse: "Senhor, se estivesses aqui meu irmão não teria morrido" (João 11:21). Como Jesus respondeu à Marta em João 11:25-26?

- A palavra grega traduzida como "aconselhar" é *noutheteō*,[3] que significa "exortar". Uma exortação é um encorajamento com uma chamada de atenção. Examine os seguintes versículos. As palavras em negrito são todas traduções da palavra *noutheteō*:

   Colossenses 1:28: "Nós o proclamamos, *advertindo* e ensinando a cada um com toda a sabedoria, a fim de que apresentemos todo homem perfeito em Cristo".

Colossenses 3:16: "Habite ricamente em vocês a palavra de Cristo; ensinem e *aconselhem-se* uns aos outros com toda a sabedoria, e cantem salmos, hinos e cânticos espirituais com gratidão a Deus em seus corações".

1Coríntios 4:14-16: "Não estou tentando envergonhá-los ao escrever estas coisas, mas procuro adverti-los, como a meus filhos amados. Embora possam ter dez mil tutores em Cristo, vocês não têm muitos pais, pois em Cristo Jesus eu mesmo os gerei por meio do evangelho. Portanto, suplico-lhes que sejam meus imitadores".

- Que ideias sobre o propósito do aconselhamento esses versículos trazem?
- Qual é a diferença entre o aconselhamento e o encorajamento simples?
- Você já recebeu alguma advertência de alguém?
- O que essa pessoa disse, e como você se sentiu diante dessas palavras?

4. Antes de Jesus ir para Betânia visitar Maria e Marta depois da morte de Lázaro, o que ele disse aos seus discípulos? (Cf. João 11:4)
   - Qual o propósito declarado por Jesus para a morte de Lázaro?
   - Por causa disso, por que Jesus podia advertir Maria daquela maneira (João 11:25-26), mesmo antes de ter ressuscitado Lázaro?

5. Você já passou por uma tragédia na sua vida que agora percebe ter sido, como Jesus disse, "para a glória de Deus"?

- Qual foi esse acontecimento, e como isso glorificou a Deus?
- Será que essa experiência ajudou você a aconselhar as pessoas enquanto passavam por uma situação trágica? Se for o caso, ela ajudou em que aspecto?

6. É fácil aconselhar as pessoas quando sua fé se encontra fortalecida, mas como você pode advertir as pessoas quando sua fé está fraca?
    - Você já tentou encorajar alguém na fé mesmo sem ter tanta fé? O que você disse?
    - Hebreus 4:12-13 diz: "Sua poderosa Palavra é aguda como o bisturi e capaz de cortar tudo, seja dúvida, seja desculpa, mantendo-nos abertos para ouvir e obedecer. Nada, nem ninguém está fora do alcance da Palavra de Deus. Não se pode fugir dela, não há como" (A Mensagem). Quem pode escapar da Palavra de Deus?
    - Como você pode usar a Palavra de Deus para aconselhar a si mesmo?
    - Você recorre a algumas passagens importantes como as que Max relaciona nesse capítulo? Se não fizer isso, escreva alguns versículos que ache ser encorajadores.

7. O que Max diz sobre a tarefa da igreja?
    - Os membros da sua igreja já o ajudaram a retornar à fé? De que modo eles agiram?
    - Você conhece alguém que precisa de ajuda para voltar ao caminho da fé? Em caso afirmativo, de quem se trata? Como você poderia aconselhar essa pessoa nesta semana?

CAPÍTULO 10 – VOCÊ FOI DETONADO

1. O que você acha da expressão "perdoar e esquecer"?
   - Você a adota como filosofia de vida?
   - Já conseguiu praticar isso em sua vida?
   - Explique suas respostas.

2. De acordo com este capítulo, o que o perdão *não* pode fazer? Você concorda? Justifique.

3. O que é perdão na descrição de Max? É essa a maneira como você costumava enxergar o perdão no passado, ou essa definição é diferente da sua? Em caso afirmativo, em que ela é diferente?

4. A partir da sua experiência de vida, como você sabe que perdoou alguma pessoa de verdade, e como você sabe que isso ainda não aconteceu?

5. Pense sobre alguma situação em que você foi capaz de perdoar alguém que o ofendeu. O que o levou a perdoar essa pessoa?

6. De acordo com um estudo realizado pela Duke University, quatro dentre oito fatores que promovem a estabilidade emocional são relacionados ao perdão:
   - Evitar a suspeita e o ressentimento.
   - Parar de viver no passado.
   - Evitar o desperdício de tempo e energia por não se conformar com condições que não podem ser mudadas.
   - Recusar-se a ter pena de si mesmo quando for tratado injustamente.

- Em relação a quais desses fatores você tem dificuldade? Justifique.
- Em relação a quais deles você diria que tem uma facilidade maior? Justifique.

7. Em Efésios 4:32, Paulo escreveu: "Sejam bondosos e compassivos uns para com os outros, perdoando-se mutuamente, assim como Deus perdoou vocês em Cristo".
   - Você já experimentou o perdão de Cristo em sua vida?
   - Em caso afirmativo, isso afeta o modo e a motivação para perdoar as pessoas?
   - Em caso negativo, como a ideia de Cristo perdoar seus pecados faz você se sentir? É fácil ou difícil de aceitar? Explique sua resposta.

8. Leia bem devagar a reconstituição de Max de João 13:3-5 nas páginas 116 a 118. Imagine-se como um dos personagens nessa cena.
- Que detalhes em particular se destacaram nessa leitura? Justifique.
- O que essa passagem nos ensina sobre Jesus?

9. Leia João 18:2-5,15-17. Jesus lavou os pés de Pedro e de Judas sabendo que eles o trairiam.
   - O que isso diz a você sobre o caráter do perdão de Cristo?
   - O que isso lhe diz sobre a maneira como Cristo perdoou você?
   - O que isso diz a você sobre o perdão que Cristo oferece às pessoas na sua vida que você tem dificuldade de perdoar?

10. Qual foi a instrução de Jesus aos discípulos depois de ter lavado seus pés? (Cf. João 13:14-15)
    - Analisando essa passagem, pense sobre uma pessoa que você sabe que precisa perdoar, mas que ainda não perdoou.
    - Qual é a sua motivação para perdoar essa pessoa?
    - Como a conscientização do perdão que você recebeu poderia ajudar você a perdoar essa pessoa?

11. Ainda pensando sobre essa pessoa, reflita sobre os passos rumo ao perdão que Max sugere neste capítulo:
    - Determine o que precisa ser perdoado.
    - Pergunte a si mesmo por que isso o afeta tanto.
    - Leve essa questão para Jesus.
    - Converse com o ofensor.
    - Ore pelo ofensor.
    - Faça um enterro.
    - Quais desses passos você já deu?
    - Quais deles você ainda não deu? O que impede você de levá-los adiante?
    - Como perdoar essa pessoa poderia trazer felicidade para a sua vida?
    - Como a falta de perdão poderia roubar sua felicidade?

12. O livro de Efésios se tratava, a princípio, de uma carta que Paulo escreveu para uma igreja. Isso sugere que suas instruções para perdoar não se aplicam somente a indivíduos, mas também à igreja como um corpo.
    - Por qual situação essa comunidade deve ter passado para que Paulo desse essas instruções em Efésios 4:32?
    - Como o perdão pode influenciar toda uma comunidade?

- Como a ausência de perdão pode afetar toda uma comunidade?
- Como fazer parte de uma comunidade nos ajuda a perdoar uns aos outros?

CAPÍTULO 11 – AMADOS PARA AMAR

1. Max inicia esse capítulo falando sobre Andrea Mosconi. Qual era a tarefa de Mosconi? Que função semelhante temos que desempenhar?

2. Identifique as pessoas que conseguem despertar o melhor em você, e como elas conseguem fazer isso.

3. Provavelmente, a maior instrução que Jesus deu está registrada em João 13:34 quando disse: "Um novo mandamento lhes dou: Amem-se uns aos outros. Como eu os amei, vocês devem amar-se uns aos outros". Esse mandamento é repetido posteriormente no Novo Testamento. Observe, em paralelo com João 13:34, as passagens seguintes:

    Romanos 13:8: "Não devam nada a ninguém, a não ser o amor de uns pelos outros, pois aquele que ama seu próximo tem cumprido a lei".

    1João 4:11: "Amados, visto que Deus assim nos amou, nós também devemos amar-nos uns aos outros".

    - O que esses versículos têm a dizer sobre o modo e a razão pela qual devemos amar uns aos outros?
    - Em suas próprias palavras, descreva o que significa e que atitudes desenvolvemos para amar alguém.

- A palavra grega traduzida como "amor" em todos os três versículos é *agape*. O que significa *agape*?
- Como essa palavra ajuda a definir a mensagem de Jesus quando disse que devemos amar uns aos outros?

4. Max faz uma pergunta importante nesse capítulo na página 128: "Você já deixou Deus amar você?".
   - Qual é a sua resposta a essa pergunta?
   - Se respondeu afirmativamente, como você sente o amor de Deus?
   - Em caso negativo, justifique.
   - Se você não consegue responder, justifique.

5. Só conseguimos amar as pessoas de forma completa quando aceitamos o amor de Cristo. Quando experimentamos o amor do Salvador, temos a capacidade de amar o próximo.
   - Sua aceitação do amor de Deus ajudou você a amar as pessoas? Em caso afirmativo, justifique.
   - Você já tentou amar alguém mesmo não se sentindo amado? Como foi essa experiência?

6. Leia os versículos seguintes: Deuteronômio 7:7-9; Romanos 5:8; Efésios 2:8-10.
   - De acordo com essas passagens, por que Deus nos ama?
   - Por que Jesus morreu por nós?
   - Você acredita que Deus ama você simplesmente por ter escolhido você? Ou você está se esforçando para receber a aprovação e o favor de Deus e das outras pessoas?
   - Você consegue pensar sobre alguma pessoa que você conhece que vive sua vida acreditando que Deus a ama? O que indica que essa pessoa se sente amada?

7. Pense sobre alguma pessoa ou algum grupo de pessoas que você tem dificuldade de amar.
   - Como o amor de Deus pela sua vida poderia ajudar você a amar essa pessoa ou esse grupo de pessoas?
   - Como amar essa pessoa ou grupo de pessoas levaria você à felicidade?

8. Em seu livro *Viver é ser amado*, Henri Nouwen escreve sobre como é difícil para nós acreditar que somos amados por Deus. Para nos ajudar com isso, Nouwen sugere adotar a prática de se sentar em silêncio e ouvir a voz de Deus.

   > Ele escreve: "Não é fácil penetrar no silêncio e ir além das várias vozes turbulentas e exigentes do nosso mundo". Mas, se você conseguir, ele diz que você jamais encontrará uma voz que castiga ou que está insatisfeita com você. Pelo contrário, você "descobrirá uma voz bem próxima dizendo: 'Tu és meu Filho Amado, em quem me comprazo'[...]. se ousarmos abraçar nosso momento solitário e criar amizade com o nosso silêncio, conseguiremos ouvir essa voz".[4]

   - O que você acha que Deus lhe dirá quando passar tempo em silêncio em sua presença?
   - Você se sente à vontade com esse pensamento? Justifique.
   - Você acredita nessas palavras de Nouwen e crê que Deus o chamaria de seu Filho Amado?
   - Passe algum tempo em silêncio hoje e escute a voz de Deus que simplesmente diz: "Amo você".

PERGUNTAS PARA REFLEXÃO

O PRÓXIMO PASSO – O DESAFIO DA FELICIDADE

1. Max propôs o desafio de fazer cem pessoas felizes pelo período de quarenta dias.
   - Você está disposto a aceitá-lo?
   - Existe algum aspecto desse desafio que lhe deixa inseguro? Em caso afirmativo, o que faz você se sentir assim?
   - Alguma coisa quanto a esse desafio anima você? Se houver, cite esse aspecto.

2. Neste livro, você aprendeu dez maneiras diferentes de fazer as pessoas felizes e, em virtude disso, levar você ao caminho da felicidade:
   - Incentivem-se uns aos outros (1Tessalonicenses 5:11).
   - Apoiem-se uns aos outros (Efésios 4:2).
   - Considerem os outros mais importantes do que si mesmos (Filipenses 2:3).
   - Saúdem uns aos outros (Romanos 16:16).
   - Orem uns pelos outros (Tiago 5:16).
   - Sirvam uns aos outros (Gálatas 5:13).
   - Aceitem-se uns aos outros (Romanos 15:7).
   - Aconselhem-se uns aos outros (Colossenses 3:16).
   - Perdoem uns aos outros (Efésios 4:32).
   - Amem-se uns aos outros (1João 3:11).
   - Cite duas ou três maneiras que você se sente tranquilo para cultivar durante os próximos quarenta dias a fim de fazer as outras pessoas felizes.
   - Cite duas ou três delas que se constituem um desafio maior, mas que você está disposto a tentar cultivar durante os próximos quarenta dias.

3. Avalie o seu nível de felicidade no momento. Em uma escala de zero a dez, o quanto você diria que é feliz?

Passe alguns minutos pensando sobre cinco pessoas cuja felicidade você gostaria de aumentar nos próximos quarenta dias. Escreva seus nomes e de que modo você poderia trazer um pouco de felicidade para a vida delas usando uma passagem que tenha as palavras "uns aos outros".

Depois de você ter cumprido o desafio de quarenta dias, reflita sobre as perguntas seguintes:

- Como você avaliaria o seu nível de felicidade atual em comparação com o que você desfrutava antes desse desafio?
- Qual foi o momento mais marcante desse desafio para você? Justifique.
- Quais foram as suas dificuldades durante esse desafio? Justifique.
- Como você poderia incorporar essa felicidade à sua vida diária?

Notas

CAPÍTULO 1 – A PORTA DA ALEGRIA INESPERADA

1. "Mr. Happy Man – Johnny Barnes". Disponível em: https://www.youtube.com/watch?v=v_EX5NzqNXc. Cf. tb. Jarrod Stackelroth. "Mr Happy Man". *Adventist Record*, 21 jul. 2016. Disponível em: https://record.adventistchurch.com/2016/07/21/mr-happy-man/.
2. Kathy Caprino. "The Top 10 Things People Want in Life but Can't Seem to Get", *Huffington Post*, atualizado em 6 dez. 2017. Disponível em: https://www.huffingtonpost.com/kathy-caprino/the-top-10-things-people_2_b_9564982.html.
3. David Shimer. "Yale's Most Popular Class Ever: Happiness", *New York Times*, 26 jan. 2018. Disponível em: https://www.nytimes.com/2018/01/26/nyregion/at-yale-class-on-happiness-draws-huge-crowd-laurie-santos.html.
4. Sonja Lyubomirsky. *A ciência da felicidade: como atingir a felicidade real e duradoura*. São Paulo: Elsevier, 2008. p. 13.
5. Ed Diener, Carol Nickerson, Richard E. Lucas, Ed Sandvik. "Dispositional Affect and Job Outcomes". *Social Indicators Research,* 59, n. 3, set. 2002, p. 229-259. Disponível em: https://link.springer.com/article/10.1023/A:1019672513984.
6. Shana Lebowitz. "A New Study Finds a Key Component of Effective Leadership Is Surprisingly Simple". *Business Insider*, 19 ago. 2015. Disponível em: http://www.businessinsider.com/why-happy-people-are-better-leaders-2015–8.

7. Alexandra Sifferlin. "Here's How Happy Americans Are Right Now". *Time*, 26 jul. 2017. Disponível em: http://time.com/4871720/how-happy-are-americans/.
8. Sonja Lyubomirsky. *A ciência da felicidade*. São Paulo: Elsevier, 2008. p. 40.
9. Pamela Cowan. "Depression Will Be the Second Leading Cause of Disease by 2020: WHO". *Calgary Herald*, 7 out. 2010. Disponível em: http://www.calgaryherald.com/health/Depression+will+second+leading+cause+disease+2020/3640325/story.htm.
10. Jean M. Twenge. "Why Adults Are Less Happy Than They Used to Be: But Young People Are Happier". *Psychology Today*, 6 nov. 2015. Disponível em: https://www.psychologytoday.com/blog/our-changing-culture/201511/why-adults-are-less-happy-they-used-be.
11. Sonja Lyubomirsky. *A ciência da felicidade*. São Paulo: Elsevier, 2008. p. 25.
12. Melissa Dahl. "A Classic Psychology Study on Why Winning the Lottery Won't Make You Happier". *The Cut*, 13 jan. 2016. Disponível em: https://www.thecut.com/2016/01/classic-study-on-happiness-and-the-lottery.html.
13. Daniel Kahneman e Angus Deaton. "High Income Improves Evaluation of Life but Not Emotional Well-Being". *PNAS*, 4 ago. 2010, p. 3. Disponível em: http://www.pnas.org/content/early/2010/08/27/1011492107.
14. Ed Diener, Jeff Horwitz e Robert A. Emmons. "Happiness of the Very Wealthy". *Social Indicators Research*, 16, p. 263-274. Disponível em: https://emmons.faculty.ucdavis.edu/wp-content/uploads/sites/90/2015/08/1985_1happinesswealthy.pdf.
15. Carey Goldberg citando Daniel Gilbert. "Too Much of a Good Thing". *Boston Globe*, 6 fev. 2006. Disponível em: http://archive.boston.com/yourlife/health/mental/articles/2006/02/06/too_much_of_a_good_thing/.
16. "What Is the Science of Happiness?". *Berkeley Welness*, 9 nov. 2015. Disponível em: http://www.berkeleywellness.com/healthy-mind/mind-body/article/what-science-happiness.
17. Sonja Lyubomirsky. *A ciência da felicidade*. São Paulo: Elsevier, 2008. p. 25.
18. Randy Alcorn. *Happiness*. Carol Stream: Tyndale, 2015. p. 19.

CAPÍTULO 2 – BATE AQUI, ROCHA!

1. W. E. Vine, Merill Unger, William White Jr. *Dicionário Vine*. Rio de Janeiro: CPAD, 2002. "Consolar", p. 497.
2. *Dicionário Vine*, "Encorajar", p. 591.

3. Hara Estroff Marano. "Marriage Math". *Psychology Today*, 16 mar. 2004. Disponível em: https://www.psychologytoday.com/us/articles/200403/marriage-math.

4. Jack Zenger and Joseph Folkman. "The Ideal Praise-to-Criticism Ratio". *Harvard Business Review*, 15 mar. 2013. Disponível em: https://hbr.org/2013/03/the-ideal-praise-to-criticism.

5. Lynne Malcolm. "Scientific Evidence Points to Importance of Positive Thinking", *ABC RN*, 17 jun. 2015. Disponível em: http://www.abc.net.au/radionational/programs/allinthemind/the-scientific-evidence-for-positive-thinking/6553614.

6. Citado em Alan Loy McGinnis. *O fator amizade: como cativar as pessoas de quem você gosta.* São Paulo: Paulus Editora, 2006.

7. Andrew Shain. "As He Heads to the U.S. Senate, Tim Scott Praises Early Mentor". *Beaufort Gazette*, 2 jul. 2013. Disponível em: http://www.islandpacket.com/news/local/community/beaufort-news/article33492450.html.

8. *Dicionário Vine*. "Considerar", p. 496.

9. Gary Smalley, John Trent. *Leaving the Light On: Building the Memories That Will Draw Your Kids Home.* Sisters Multnomah, 1994. p. 27–28.

10. Alan Loy McGinnis. *O fator amizade: como cativar pessoas de quem você gosta.* São Paulo: Paulus Editora, 2006, p. 99.

CAPÍTULO 3 – DEIXE AS CISMAS DE LADO

1. *Dicionário Vine*. "Longanimidade", p. 758.

2. David Hocking. "The Patience of God". *Blue Letter Bible*. Disponível em: https://www.blueletterbible.org/comm/hocking_david/attributes/attributes14.cfm.

3. Citado em Alan Loy McGinnis, *O fator amizade: como cativar as pessoas de quem você gosta.* São Paulo: Paulus Editora, 2006.

4. História enviada por Alice H. Cook. *Reader's Digest*, dez. 1996, p. 140.

CAPÍTULO 4 – O DOCE SOM DO SEGUNDO VIOLINO

1. Hannah Whitall Smith. Ed. Melvin E. Dieter. *The Christian's Secret of a Holy Life: The Unpublished Personal Writings of Hannah Whitall Smith.* Grand Rapids: Zondervan, 1994. p. 10-11.

CAPÍTULO 5 – A BELA ARTE DE DIZER "OI"

1. Deborah Norville. *O poder do respeito: tire partido do elemento mais ignorado*. Porto: Smartbook, 2010.
2. John Henry Jowett. *The Best of John Henry Jowett*. Nova York: Harper and Brothers, 1943. p. 89. Disponível em: https://archive.org/stream/bestofjohnhenryj012480mbp/bestofjohnhenryj012480mbp_djvu.txt).
3. Sonja Lyubomirsky. *The How of Happiness: A Practical Approach to Getting the Life You Want*. London: Piatkus, 2007. p. 150-51.
4. Kasley Killam. "A Hug a Day Keeps the Doctor Away". *Scientific American*, 17 mar. 2015. Disponível em: https://www.scientificamerican.com/article/a-hug-a-day-keeps-the-doctor-away/.
5. John Stott. *A mensagem de Romanos*. São Paulo: ABU, 2001. p. 472.
6. "Aristobulus". *Bible Hub*. Disponível em: http://biblehub.com/topical/a/aristobulus.htm.
7. "Narcissus: Roman Official", *Encyclopaedia Britannica*. Disponível em: http://www.britannica.com/biography/narcissus-roman-official.
8. Acredita-se nisso porque Marcos, cujo evangelho foi escrito em Roma ou para Roma, é o único que menciona o nome dos filhos de Simão, e faz isso de modo a entender que eles já eram conhecidos. Cf. Marcos 15:21.
9. "Sumter County Church Chronology", jun. 1965 entry. Disponível em: http://www.sumtercountyhistory.com/church/SC_ChurchChr.htm.

CAPÍTULO 6 – A POSTURA PODEROSA

1. "Science Proves the Healing Power of Prayer". *Newsmax Health*, 31 mar. 2015. Disponível em: https://www.newsmax.com/health/headline/prayer-health-faith-medicine/2015/03/31/id/635623/.
2. Eben Alexander III. *Uma prova do céu: a jornada de um neurocirurgião à vida após a morte*. Rio de Janeiro: Sextante, 2013. p. 99
3. Dan Pratt. *Tears on the Church House Floor*. Bloomington WestBow, 2018. p. 74-76.

CAPÍTULO 7 – HORA DE SERVIR

1. "The United Healthcare/Volunteer Match Do Good Live Well Study", mar. 2010, p. 19, 33, 43. Disponível em: https://cdn.volunteermatch.org/www/about/UnitedHealthcare_VolunteerMatch_Do_Good_Live_Well_Study.pdf.

2. Bernard Rimland. "The Altruism Paradox". *Psychological Reports,* 51, n. 2, out. 1982, p. 521-522. Disponível em: http://www.amscie.pub.com/doi/abs/10.2466/pr0.1982.51.2.521, citado em Randy Alcorn, *Happiness.* Carol Stream: Tyndale, 2015. p. 291.

CAPÍTULO 8 – ZONAS DE DESCONFORTO

1. *Dicionário Vine.* "Fariseu", p. 643.
2. John Stott. *A mensagem de Romanos.* São Paulo: ABU, 2001., p. 431.
3. Dito a mim pessoalmente e usado com permissão.
4. Citado em Alan Loy McGinnis, *O fator amizade: como cativar as pessoas de quem você gosta.* São Paulo: Paulus Editora, 2006.
5. E-mail que recebi de Brian Reed em 21 de fevereiro de 2016. Usado com permissão.
6. Mark Rutland. *Streams of Mercy: Receiving and Reflecting God's Grace.* Ann Arbor, MI: Servant Publications, 1999. p. 39.

CAPÍTULO 9 – FALE!

1. *Dicionário Vine.* "Admoestar", p. 373.

CAPÍTULO 10 – VOCÊ FOI DETONADO

1. "Peace of Mind", um estudo sociológico realizado pela Universidade Duke, citado em Rudy A. Magnan, *Reinventing American Education: Applying Innovative and Quality Thinking to Solving Problems in Education.* Bloomington: Xlibris, 2010. p. 23. Os outros quatro são: 1. Continuar envolvido com o mundo dos vivos. 2. Cultivar virtudes à maneira antiga: amor, humor, compaixão e lealdade. 3. Não esperar demais de si mesmo. 4. Encontrar alguma coisa maior que si mesmo para acreditar.
2. Charlotte van Oyen Witvliet, Thomas E. Ludwig e Kelly L. Vander Laan. "Granting Forgiveness or Harboring Grudges: Implications for Emotion, Physiology, and Health", *Psychological Science,* 12, n. 2, mar. 2001, p. 117-123. Disponível em: https://greatergood.berkeley.edu/images/uploads/VanOyenWitvliet-GrantingForgiveness.pdf.
3. "John Wesley". *Bible.org.* Disponível em: https://bible.org/illustration/john-wesley-1.
4. Jayson Casper in Cairo. "Forgiving ISIS: Christian 'Resistance' Videos Go Viral in Arab World". *Christianity Today,* 17 mar. 2015. Disponível em: http://www.christianitytoday.com/gleanings/2015/march/forgiving-isis-christianresistance-viral-video-sat7-myriam.html.

CAPÍTULO 11 – AMADOS PARA AMAR

1. Ian Fisher. "Fingers That Keep the Most Treasured Violins Fit". *New York Times*, 3 jun. 2007. Disponível em: https://www.nytimes.com/2007/06/03/world/europe/03cremona.html. Cf. tb. Martin Gani. "The Violin-Makers of Cremona". *Italy Magazine*, jan. 2012. Disponível em: http://www.italymagazine.com/featured-story/violin-makers-cremona.
2. *Dicionário Vine*. "Amor", p. 395.
3. *Dicionário Vine*. "Feito", p. 650.

O PRÓXIMO PASSO

1. John Feinstein. "How Jake Olson of USC Became the Most Famous Long Snapper in College Football". *Washington Post*, 5 set. 2017. Disponível em: https://www.washingtonpost.com/sports/colleges/how-jake-olson-of-usc-becamethe-most-famous-long-snapper-in-college-football/2017/09/05/900672f0–923a-11e7–8754-d478688d23b4_story.html?utm_term=.0a4b2ae5befb.

PERGUNTAS PARA REFLEXÃO

1. Bible Study Tools, s.v. "Parakaleo". Disponível em: https://www.biblestudytools.com/lexicons/greek/nas/parakaleo.html.
2. Craig S. Keener, The IVP Bible Background Commentary: New Testament(Downers Grove, IL: InterVarsity, 1993), 448.
3. "3560. Noutheteó", *Bible Hub*. Disponível em: https://biblehub.com/greek/3560.htm.
4. Henri J. M. Nouwen. *Viver é ser amado: vida espiritual em um mundo secular*. Campinas: Paulinas, 1997.

Este livro foi impresso pela Assahi, em 2019,
para a Thomas Nelson Brasil. O papel do miolo é avena
80 g/m², e o da capa é cartão 250 g/m².